Ekkehard Kaier

Informationstechnische Grundbildung Multiplan

Ekkehard Kaier

Informationstechnische Grundbildung Multiplan

Mit vollständiger Referenzliste

Friedr. Vieweg & Sohn   Braunschweig / Wiesbaden

CIP-Titelaufnahme der Deutschen Bibliothek

Kaier, Ekkehard:
Informationstechnische Grundbildung Multiplan:
mit vollst. Referenzliste/Ekkehard Kaier. –
Braunschweig; Wiesbaden: Vieweg, 1989
   (Viewegs Fachbücher der Technik)
   ISBN 978-3-528-04686-6   ISBN 978-3-322-91100-1 (eBook)
   DOI 10.1007/978-3-322-91100-1

Der Verlag Vieweg ist ein Unternehmen der Verlagsgruppe Bertelsmann.

Umschlaggestaltung: Hanswerner Klein, Leverkusen

ISBN 978-3-528-04686-6

Vorwort

Software-Tools ermöglichen es dem Benutzer, Probleme am PC in bedienungsfreundlicher Umgebung zu lösen. Zählt man die Programmiersprachen zu den Software-Tools, ergeben sich zum Beispiel folgende Bereiche:
— Betriebssystem (z.B. MS-DOS, OS/2 bzw. PS/2)
— Maschinennahe Programmentwicklung (z.B. 8086-Assembler)
— Strukturierte Programmentwicklung (z.B. BASIC, C, Pascal)
— Datenbanksystem (z.B. dBASE, SQL)
— Tabellenkalkulation (z.B. Multiplan, Excel)
— Textverarbeitung (z.B. Word, WordStar)
— Integrierte Software (z.B. Framework, Lotus 1-2-3, Works)
— Computer Assisted Design, CAD
— Desktop Publishing, DTP
— Steuerung und Regelung

Die moderne *informationstechnische Grundbildung* schließt Grundkenntnisse in der Anwendung ausgewählter Software-Tools ein.

Multiplan: Im vorliegenden Buch wird eine Einführung in die Tabellenverarbeitung mit dem Planungssystem Multiplan gegeben. Das Buch gliedert sich in einen Einführungs- und einen Referenzteil.
— Einführungsteil: Erstellen, Formatieren, Adressieren, Verbinden von Tabellen und Programmieren von Makros sowie Schleifen in Tabellen.
— Referenzteil: *Alle* Befehle (mit Optionen) und Funktionen zu Multiplan 4.0 werden im allgemeinen Format sowie an Beispielen zum Nachschlagen wiedergegeben.

Ekkehard Kaier

Heidelberg, im Oktober 1988

Inhaltsverzeichnis

Informationstechnische Grundbildung Multiplan

1.1 Erstellung einer Tabelle in Schritten

1.1.1 Schritt 1: Multiplan starten

Multiplan von Diskette starten:
- In Diskettenlaufwerk A: die Multiplan-Programmdiskette und in Laufwerk B: eine leere Anwenderdiskette (Datendiskette) einlegen.
- Vom MS-DOS-Prompt "A>" aus Multiplan durch Eingabe von MP laden. Am Bildschirm erscheint eine leere Multiplan-Tabelle.
- Die vom Benutzer entwickelten Tabellen können nun auf der Diskette in B: sichergestellt werden.

Multiplan von der Festplatte starten:
- Das Multiplan-System ist auf die Festplatte kopiert worden. Im Diskettenlaufwerk A: befindet sich eine leere Anwenderdiskette.
- Vom MS-DOS-Prompt "C>" aus Multiplan durch Eingabe von MP starten. Am Bildschirm erscheint eine leere Multiplan-Tabelle.
- Die Tabellen des Benutzers können nun auf die Diskette in A: gespeichert werden.

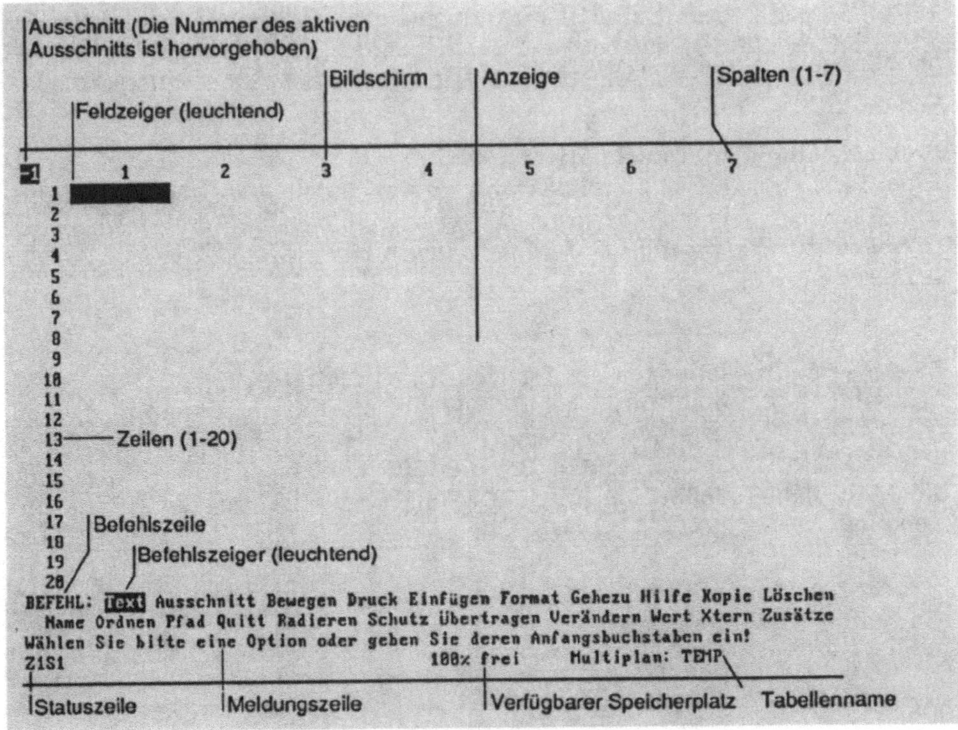

Aufbau einer Multiplan-Tabelle

Aufbau einer Multiplan-Tabelle: Die Tabelle (auch als Arbeitsblatt bezeichnet) ist durch waagrechte Zeilen und senkrechte Spalten in *Felder* unterteilt. Am Bildschirm ist immer nur ein Teil der gesamten (z.B. 4095 Zeilen mal 255 Spalten großen) Tabelle zu sehen. Man betrachtet die Tabelle stets durch das aktive *Fenster*.

Zwei leuchtend unterlegte Zeiger:
1. *Der Feldzeiger* markiert nach dem Starten das Feld Z1S1 (lies: Zeile 1, Spalte 1). Das gerade markierte Feld ist das *aktive Feld*. Der Feldzeiger wird durch die Cursortasten bewegt.
2. *Der Befehlszeiger* markiert den Befehl TEXT als ersten Befehl der Befehlszeile und wird durch die Leertaste bewegt. Ein markierter Befehl wird aktiviert, in dem man die Return-Taste oder den Anfangsbuchstaben (z.B. T oder t für TEXT) tippt.

1.1.2 Schritt 2: Text in die Tabelle eingeben

Was-wäre-wenn-Analysen: Das Multiplan-System ermöglicht auf komfortable Weise eine Datenanalysemethode, die als *Was-wäre-wenn-Analyse* bezeichnet wird. Damit sind Berechnungen über mögliche Entwicklungen bei variablen Zahleneingaben und festliegenden Berechnungsformeln gemeint. Am Beispiel des Angebotsvergleichs bei Mietwagen soll diese Methode erklärt werden.

Problemstellung zu Tabelle MietPKW1:
Eine Tabelle namens MietPKW1 soll zu folgenden Was-wäre-wenn-Fragen Auskunft geben: *"Was wäre für einen gemieteten PKW bei einem bestimmten Angebotstarif in DM zu bezahlen, wenn z.B. 700 km oder 205 km gefahren werden?"*

Zwei Normaldarstellungen der fertigen Tabelle MietPKW1:
Beim linken Beispiel wurde gerade 700 km als Entscheidung eingegeben. Gemäß der Formel *100 + (700-200)*0,1* meldet die Tabelle einen Betrag von 150 DM. Da beim rechten Beispiel 205 km eingegeben wurde, zeigt die Multiplan-Tabelle nun 100,50 DM als Ergebnisbetrag an (Formelanwendung *100 + (205-200)*0,1*).

```
-1        1         2          -1        1         2
  1 MietPKW1                      1 MietPKW1
  2                               2
  3                               3
  4           Angebot 1           4           Angebot 1
  5                               5
  6 DM fest?        100           6 DM fest?        100
  7 DM je km?       0,1           7 DM je km?       0,1
  8 km frei?        200           8 km frei?        200
  9                               9
 10 DM zahlen:      150          10 DM zahlen:      100,5
 11                              11
 12 km?             700          12 km?             205
 13                              13
```

Texteingabe durch den Befehl TEXT:
In die Felder Z1S1 (MietPKW1), Z6S1 (DM fest?), Z7S1 (DM je km?),
Z8S1 (km frei?), Z10S1 (DM zahlen:), Z12S1 (km?) und Z4S2 (Angebot 1)
ist Text einzugeben. Der TEXT-Befehl übernimmt diese Aufgabe.

Befehlsfolge zur Eingabe des Textes "Angebot 1" in Langform:
1. Feldzeiger zum Feld Z4S2 bewegen: Ausgehend von Z1S1 mit dem
   Cursor drei mal nach unten und ein mal nach rechts.
2. Den Befehl TEXT aktivieren. Dazu gibt es zwei Methoden:
   Markierungs-Methode: Befehlszeiger in der Befehlszeile zum Wort
   TEXT bewegen (TEXT ist nun markiert) und dann die Ret-Taste
   tippen (Ret für Return).
   Anfangsbuchstaben-Methode: T als Anfangsbuchstaben des Befehls
   TEXT eintippen.
3. Den Text "Angebot 1" eintippen (ohne die " ") und dann die Eingabe mit der Ret-Taste abschließen. Der Text "Angebot 1" wird in
   das aktive Feld Z4S2 übernommen.

Befehlsfolge zur Eingabe des Textes "Angebot 1" in Kurzform: Durch die
jeweils nach rechts eingerückte Schreibweise wird angedeutet, daß bei der
Befehlseingabe in Schritten vorgegangen wird.

1. Feldzeiger auf Z4S2	Feldzeiger mit Cursor bewegen
2. Text	Befehl aktivieren
3. Angebot 1 (Ret)	Tabellennamen und Return tippen

Weiter verkürzt schreibt man die Befehlsfolge in der Form:

Feldzeiger auf Z4S2 *Text* *Angebot 1*	*Im Buch verwendete Darstellung einer* *Befehlsfolge*

```
  20
TEXT: Angebot 1                    Über den Text-Befehl wurde
                                   gerade Angebot 1 eingegeben

Bitte Text eingeben!
Z4S2        "Angebot 1"            100 % frei      Multiplan: TMP
```

TEXT-Befehl als aktiver Befehl fordert zur Eingabe von Text auf

Befehlsfolge zur Eingabe untereinanderliegender Textfelder: Um nicht nach jeder Eingabe erneut den TEXT-Befehl aktivieren zu müssen, schließt man jede Zeileneingabe mit der Runter-Taste und erst die letzte Eingabe mit der Return-Taste ab:

Feldzeiger nach Z6S1
 Text
   DM fest? (Runter)
   DM je km? (Runter)
   km frei? (Ret)
	Im TEXT/WERT-Modus verbleiben
	 Im TEXT/WERT-Modus verbleiben
	 Erst jetzt die Texteingabe beenden

Feldinhalte entfernen durch den RADIEREN-Befehl: Versehentlich falsch beschriebene Felder können z.B. wie folgt entfernt werden:

Feldzeiger auf Z10S1 *Radieren*	Feld aktivieren Text "DM zahlen:" wird gelöscht

Feldinhalte löschen durch den LÖSCHEN-Befehl: Im Gegensatz zum RADIEREN-Befehl werden durch den LÖSCHEN-Befehl die ganze Zeile gelöscht und die nachfolgenden Zeilen aufgerückt:

Feldzeiger auf Z10S1 *Löschen* *Zeile Zeilenzahl: 1*	Die Zeilen 11 und 12 rücken nach 10 und 11 vor

1.1.3 Schritt 3: Zahlen in die Tabelle eingeben

Vier numerische Eingabefelder: Die folgenden Felder nehmen die Konditionen zur PKW-Vermietung in Form von Zahlen auf:
- Feld Z6S2 (z.B. 100 DM als fester DM-Betrag)
- Feld Z7S2 (z.B. 0,1 DM/km; jeder km kostet 10 Pfennige)
- Feld Z8S2 (z.B. 200 km werden ohne variable Kosten berechnet)

Feld Z12S2 ist ein besonderes Eingabefeld der jeweiligen *Was-wäre-wenn-Frage*; es nimmt die Entscheidung über die zu fahrenden Kilometer auf.

Befehl WERT zur Eingabe von Zahlen: Multiplan verlangt das Dezimalkomma (keinen Dezimalpunkt). Da Zahlen als "Normalfutter" angesehen werden, schaltet Multiplan auch ohne Aktivieren des WERT-Befehls automatisch diesen Befehl an.

Befehlszeiger auf Z7S2 *Wert* *0,1*	Feld Z7S2 zum aktiven Feld machen WERT-Befehl aktivieren Zahl eingeben und speichern

```
19
20
WERT: 0,1                                    gerade wurde
                                             0,1 eingetippt

Bitte eine Formel eingeben!
Z7S2       0,1                  100% frei    Multiplan: TEMP
```

Wert-Befehl als aktiver Befehl zur Eingabe von Zahl oder Formel

1.1.4 Schritt 4: Formeln in die Tabelle eingeben
1.1.4.1 Eine Formel im Ergebnisfeld verstecken

Textfelder, Eingabefelder und Ausgabefelder: Eine Multiplan-Tabelle enthält Textfelder (mit Texthinweisen), *Eingabefelder* (Zahlen über Tastatur eingegeben) und *Ausgabefelder* (Zahlenergebnisse in Abhängigkeit der Eingaben). In der Tabelle MietPKW1 liegen sieben Text-, vier Eingabe- und ein Ergebnisfeld vor.

```
  -1        1         2
   1 MietPKW1                          Textfelder mit Hinweistexten
   2
   3
   4         Angebot 1
   5
   6 DM fest?         100              Eingabefelder Z6S2, Z7S2, Z8S2
   7 DM je km?        0,1              und Z12S2 mit Zahlen
   8 km frei?         200
   9
  10 DM zahlen:                        Ergebnisfeld Z10S2 leer, da
  11                                   noch keine Formel eingegeben
  12 km?              700
  13
```

Zustand der Tabelle MietPKW1 vor Eingabe der Formel

Ergebnisfeld als Formelfeld: Im Ergebnisfeld wird eine Formel "versteckt", damit Multiplan bei Änderung des Wertes eines Eingabefeldes sofort den neuen Wert für das Ergebnisfeld berechnen und anzeigen kann.

Eingabe der Formel in Ergebnisfeld Z10S2 über den WERT-Befehl: Der WERT-Befehl dient zur Eingabe von Zahlen (in Eingabefelder) wie auch zur Eingabe von Formeln (in Ergebnisfelder). Zahlen bleiben am Bildschirm sichtbar, während sich Formeln hinter dem ausgegebenen Ergebnis "verstecken".

<table>
<tr><td>

Feldzeiger nach Z10S2
  Wert
    *Z6S2+(Z12S2-Z8S2)*Z7S2*

</td><td>

Ergebnisfeld Z10S2 als aktives Feld
WERT-Befehl aktivieren
Formel in Ergebnisfeld speichern

</td></tr>
</table>

Nach Eingabe der Formel
- Allgemein: Feste Kosten + abzurechnende Kilometer * Kilometerpreis
- Multiplan: Z6S2 + (Z12S2-Z8S2) * 0,1

in das Feld Z10S2 erscheint sofort das Ergebnis von 700 DM.

```
  19
  20
WERT: z6s2+(z12s2-z8s2)*z7s2


Bitte eine Formel eingeben!
Z10S2       Z6S2+(Z12S2-Z8S2)*Z7S2   100% frei       Multiplan:TEMP
```

Eingabe einer Formel über den WERT-Befehl

1.1.4.2 Tabelle in Formeldarstellung analysieren

Normal- und Formeldarstellung: In der Normaldarstellung einer Tabelle werden die Zahlenergebnisse von Ergebnisfeldern angezeigt. In der Formeldarstellung hingegen werden die "versteckten" Formeln sichtbar gemacht. Mit dem FORMAT-OPTIONEN-Befehl kann man die Formeldarstellung einstellen:

<table>
<tr><td>

FORMAT
  OPTIONEN
    Formeln: Ja

</td><td>

FORMAL-Befehl aktivieren
Unterbefehl aktivieren (Tab-Taste)
"Ja"-Schalter einstellen (Leertaste)

</td></tr>
</table>

Die links angegebene Formeldarstellung zeigt Texte in " ", Eingabefelder mit Zahlen und Ausgabefelder mit Formeln an:

```
-1          1                2              -1      1             2
   1 "MietPKW1"                                1 MietPKW1
   2                                           2
   3                                           3
   4                "Angebot 1"                4           Angebot 1
   5                                           5
   6 "DM fest?"     100                        6 DM fest?    100
   7 "DM je km?"    0,1                        7 DM je km?   0,1
   8 "km frei?"     200                        8 km frei?    200
   9                                           9
  10 "DM zahlen:"   Z6S2+(Z12S2-Z8S2)*Z7     10 DM zahlen:   150
  11                                          11
  12 "km?"          700                       12 km?         700
  13                                          13
```

Tabelle MietPKW1 in Formeldarstellung (links) und
in Normaldarstellung (rechts)

Von der Formel- wieder zur Normaldarstellung wechseln: Das Befehlsfeld FORMELN des FORMAT-OPTIONEN-Befehls dient als Schalter und wird von *Ja* wieder auf *Nein* gestellt.

Format	Befehl
Optionen	Unterbefehl
Formeln: Nein	Befehlsfeld als Ja/Nein-Schalter

1.1.5 Schritt 5: Tabelle auf Diskette speichern

Durch die Befehlsfolge

> *Übertragen*
> *Speichern*
> *Dateiname: a:mietpkw1.tab*

wird eine Kopie der aktiven Tabelle unter dem Namen MietPKW1.TAB auf die in Laufwerk A: einliegende Diskette gespeichert. Das Tabellenoriginal im RAM bleibt erhalten. Wird auf Diskette eine gleichnamige Tabelle gefunden, so kann diese überschrieben werden.

```
  19
  20
ÜBERTRAGEN SPEICHERN Dateiname: A:\MIETPKW1.TAB  geschützt: Ja(Nein)


Bitte geben Sie einen Dateinamen ein!
Z12S2     205                        100% frei       Multiplan: A:MIETPKW1.TAB
```

ÜBERTRAGEN-SPEICHERN-Befehl zum Sicherstellen einer Tabelle

1.1.6 Schritt 6: Tabelle testen und ausdrucken

Zum Testen der im RAM befindlichen Tabelle gibt man verschiedene Zahlenwerte ein. Dazu ist es hilfreich, sich die Tabelle mit dem DRUCK-Befehl in Normaldarstellung ausdrucken zu lassen:

```
Druck
  Drucker
```

Befehl DRUCK aktivieren
Unterbefehl DRUCKER aktivieren

Befehlsfolge zum Ausdrucken in Formeldarstellung:

```
Druck
  Optionen
    Formeln: Ja
  Drucker
```

```
  19
  20
DRUCK: Drucker Platte/Diskette Randbegrenzung Optionen Kopf-/Fußzeile


Wählen Sie bitte eine Option oder geben Sie deren Anfangsbuchstaben ein!
Z12S2     205                        100% frei       Multiplan: A:MIETPKW1.TAB
```

DRUCK-Befehl mit sechs Unterbefehlen

1.1.7 Schritt 7: Multiplan verlassen

QUITT-Befehl zum Verlassen: Nach Eingabe des QUITT-Befehls wird die Kontrolle wieder an das Betriebssystem übergeben. Wurde die zuletzt bearbeitete Tabelle noch nicht gespeichert, fordert der QUITT-Befehl dazu zum Beispiel wie folgt auf:

```
   19
   20
QUITT:


Geben Sie J ein wenn Sie speichern möchten N wenn nicht oder unterbrechen Sie! J
Z12S2     205                      100% frei            Multiplan: A:MIETPKW1.TAB
```

QUITT-Befehl zum Verlassen von Multiplan

1.2 Formatierung einer Tabelle

Problemstellung zu Tabelle MietPKW2.TAB:
Die im vorhergehenden Abschnitt aufgebaute Tabelle MietPKW1.TAB soll wie folgt in fünf Schritten geändert werden:
1. Tabelle MietPKW1.TAB in den RAM laden.
2. Breite von Spalte 1 von 10 auf 20 vergrößern. Längere Texte.
3. Textzeile 2 in zusammenhängender Form formatieren.
4. Zahlen in Spalte 2 auf 2 Dezimalstellen runden.
5. Tabelle unter dem Namen MietPKW2.TAB zusätzlich speichern.

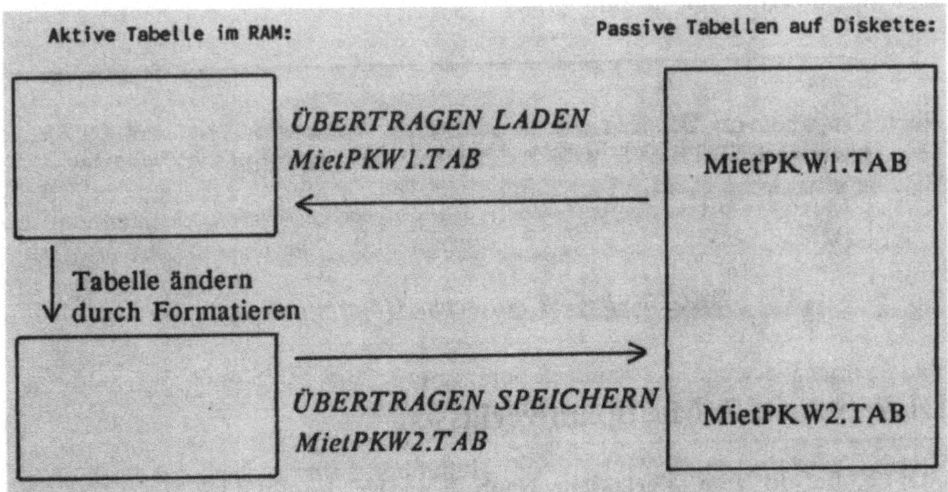

Tabelle laden und die geänderte Tabelle unter neuem Namen zusätzlich speichern

1.2.1 Tabelle von Diskette in den RAM laden

Durch den Befehl

> *Übertragen*
> *Laden*
> *Dateiname: a:mietpkw1.tab*

Laden als Gegenstück zum Speichern

wird eine Kopie der Tabelle MietPKW1.TAB von der Diskette in Laufwerk A: in den RAM geladen und am Bildschirm angezeigt. Der Dateiname TEMP (für temporäre Datei wird durch MietPKW1.TAB ersetzt.

```
19
20
ÜBERTRAGEN LADEN Dateiname: a:mietpkw1.tab    Nur Lesen: Ja(Nein)

Bitte geben Sie einen Dateinamen ein oder wählen Sie einen!
Z1S1                                  100% frei    Multiplan: TEMP
```

Nach dem Laden wird die Datei TEMP durch MIETPKW1.TAB ersetzt

Sicherheitsprüfung durch den Übertragen-Laden-Befehl: Mit dem Laden
einer Tabelle von Diskette in den RAM wird die bereits im RAM befindliche Tabelle überschrieben bzw. gelöscht. Aus diesem Grunde prüft der
LADEN-Befehl, ob der Inhalt des RAM zuvor gesichert worden ist, und
gibt ggf. die folgende Meldung aus:

```
Geben Sie J ein wenn Sie speichern möchten N wenn nicht oder unterbrechen Sie!
```

Nach Eingabe von "J" wird die im RAM befindliche Tabelle auf Diskette
gespeichert (ÜBERTRAGEN-SPEICHERN), um erst dann die gewünschte
Tabelle einzulesen (ÜBERTRAGEN-LADEN).

1.2.2 Breite einer Spalte vergrößern

Standardmäßig wird mit einer Spaltenbreite von 10 Stellen gearbeitet (s
für standard). Durch die Befehlsfolge

> *Feldzeiger nach Z4S1*
> *Format*
> *Breite_der_Spalten: 20*

Beliebige Zeile in Spalte 1 markieren
Befehl zu Formatieren aktivieren
Unterbefehl Breite_der_Spalten

wird die Breite der Spalte 1 von s=10 auf 20 Stellen vergrößert.

1. FORMAT-Befehl mit 6 Unterbefehlen aktivieren:

```
19
20
FORMAT: Felder Standard Optionen Breite_der_Spalten Ersetzen  Zeichenformat
        Druckerschriftarten


Wählen Sie bitte eine Option oder geben Sie deren Anfangsbuchstaben ein!
```

2. BREITE_DER_SPALTEN-Unterbefehl aktivieren und 20 eingeben:

```
19
 20
FORMAT BREITE_DER_SPALTEN in Zeichen oder S(tandard): 20
                 Spalte: 1                       bis: 1
Bitte eine Zahl oder S für Standard eingeben! 20
```

Spalte 1 der aktiven Tabelle von s=10 auf 20 Stellen verbreitern

Nach dem Verbreitern der Spalte 1 werden die Hinweistexte über den TEXT-Befehl in ausführlicher Form eingegeben (Tabelle links):

Spalte 1 verbreitert:

```
-1             1             2
  1 MietPKW2
  2
  3
  4                     Angebot 1
  5
  6 Eingabe: DM fest?        100
  7 Eingabe: DM je km?       0,1
  8 Eingabe: km frei?        200
  9
 10 Ergebnis: DM zahlen:   100,5
 11
 12 Entscheidung: km?        205
 13
```

Zeile 2 zusammenhängend und
Spalte 2 mit Dezimalstellenrundung:

```
-1             1             2
  1 MietPKW2
  2 Was-wäre-wenn-Analyse bei Mietwagen
  3
  4                     Angebot 1
  5
  6 Eingabe: DM fest?     100,00
  7 Eingabe: DM je km?      0,10
  8 Eingabe: km frei?     200,00
  9
 10 Ergebnis: DM zahlen:  100,50
 11
 12 Entscheidung: km?     205,00
 13
```

Tabelle MietPKW1 nach Spaltenverbreiterung (links)
und nach kompletter Formatierung (rechts)

Im Gegensatz zu Multiplan 4.0 hat der FORMAT-Befehl bei Multiplan 3.0 nur die folgenden sechs Unterbefehle:

```
FORMAT: Felder Standard Optionen Breite_der_Spalten Währung Zeit_Datum
```

1.2.3 Textzeile in zusammenhängender Form

FORMAT-Befehlsfolge in Kurzform: Um in die Zeile 2 den zusammenhängenden Text "Was-wäre-wenn-Analyse bei Mietwagen" zu schreiben, müssen drei Spalten wie folgt als zusammenhängend festgelegt werden:

Feldzeiger nach Z2S1
Format
  Felder: Z2S1:3
    Formatcode: @[Zusammen]
	Beliebige Spalte in Zeile 2 markieren
	
	Dreispaltigen Bereich angeben

FORMAT-Befehlsfolge in Makro-Schreibweise: Nach Eingabe des Feldbereichs Z2S1:3 wird mit der Tab-Taste zum Befehlsfeld FORMATCODE gegangen, mit der Richtungstaste die Liste von Formatcodes auf den Bildschirm gebracht und der Formatcode @[Zusammen] ausgewählt. Anschließend wird der lange Text in Zeile 2 eingegeben. Die Tastenfolge in Makro-Schreibweise lautet für Multiplan 3.0 *ffz2s1:3'tb'tb'lt'rt* und ab Multiplan 4.0 wie folgt:

ffz2s1:3'tb'tb'nr'nu'rt

FORMAT-FELDER-Befehl wählen
Z2S1:3 als Feldbereich eingeben
2 Tab-Tasten zu FORMATCODE
Rechts-Taste zeigt Formatcodeliste
Runter-Taste zu @[Zusammen]
Mit Ret-Taste den Befehl absenden

Exakte Tastenfolge zum Formatieren einer zusammenhängenden Zeile in Multiplan-Makroschreibweise (Multiplan 4.0)

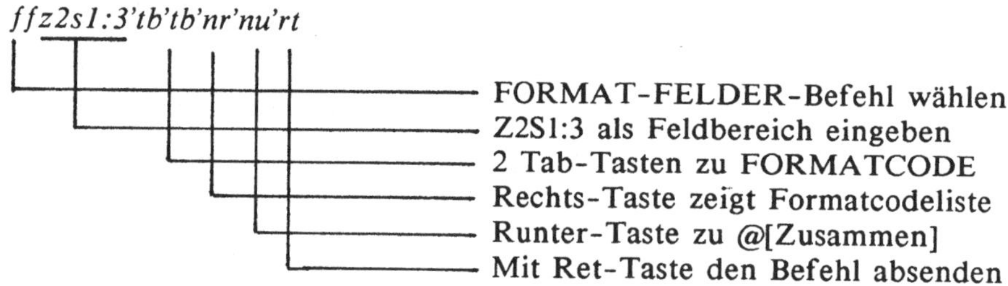

Bildschirmausgabe zum FORMAT-Befehl

Unterscheidung von Einzelfeld und Feldbereich: Durch den ":"-Operator können Einzelfelder zu waagrecht und/oder senkrecht angeordneten Bereichen zusammengefaßt werden. Die Schreibweisen Z2S1:Z2S3 und Z2S1:3 sind dabei identisch.

1			
2	Z2S1	Z2S2	Z2S3
3			
4		Z4S2	
5			
6			
7	Z7S1		
8	Z8S1		
9	Z9S1	Z9S2	Z9S3
10	Z10S1	Z10S2	Z10S3
11		Z11S2	Z11S3

```
Bereich Z2S1:Z2S3 (lies: von Z2S1 bis Z2S3)
Bereich Z2S1:3 (lies: Z2 von S1 bis S3)

Feld Z4S2

Bereich Z7S1:Z10S1 (
Bereich Z7:Z10S1 (lies: Z7 bis Z10 in S1)

Bereich Z9:11S2:3 (Z9 bis Z11, S2 bis S3)
Bereich Z9S2:Z11S3 (Z9S2 bis Z11S3)
```

Waagrechter, senkrechter und zweidimensionaler Bereich

1.2.4 Auf zwei Dezimalstellen runden

Die Beträge der Spalte 2 werden durch die Befehlsfolge

Feldzeiger beliebig
Format
   Felder: Z6:12S2
   Formatcode: 0,00

Unterbefehl FELDER aktivieren
FORMATCODE mit Option 0,00

auf zwei Dezimalstellen formatiert. In Makro-Schreibweise gibt man bis
Multiplan 3.0 ein *ffz6:12s2'tb'tb'lt"lt'lt'tb2'rt* und ab Multiplan 4.0:

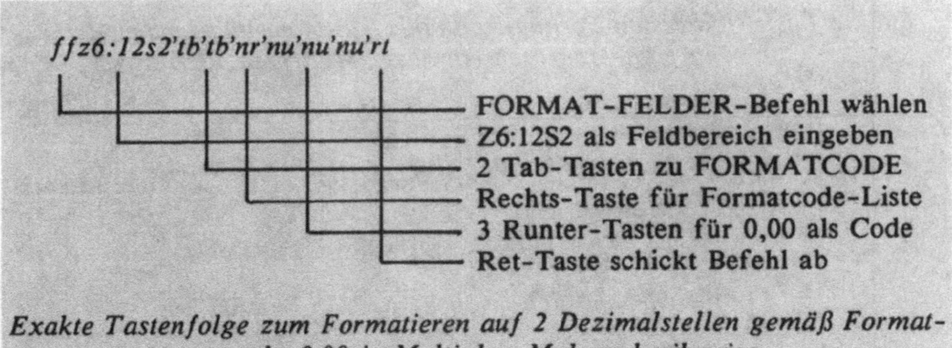

Exakte Tastenfolge zum Formatieren auf 2 Dezimalstellen gemäß Format-
vorgabe 0,00 in Multiplan-Makroschreibweise

Aufgaben zu Abschnitt 1.1 und 1.2

1. Erstellen Sie die folgende Tabelle namens Jahr1.TAB:

```
-1      1         2         3
 1 Jahr1.TAB
 2 Jahresproduktion im Überblick
 3
 4 RÜCKBLICK:
 5           1. Quartal
 6
 7 1085        7200
 8 1986        9320
 9 1987       10109
10 1988        8699
11
12 Summe      35328
```

```
-1          1              2
 1 DMFranc1.TAB
 2 Wechselkursumrechnung DM in Francs (FF)
 3
 4 Eingabe von DM?           500,000
 5 Ausgabe von Francs:      1325,000
 6
 7 Kurs Francs je DM?          2,650
```

2. Erstellen Sie die folgende Kalkulationstabelle Kalk1.TAB:

```
-1           1              2         3        4
 1 Kalk1.TAB
 2 Kalkulation von den Selbstkosten zum Verkaufspreis
 3
 4                         %-Sätze   Beträge
 5                         -------   -------
 6 Selbstkosten                      6000,00
 7 + Gewinnzuschlag (vH)    20,000   1200,00
 8 = Barverkaufspreis                7200,00
 9
10 + Kundenskonto (iH)       2,000
11 + Vertreterprovision (iH) 8,125
12               gesamt     10,125    811,13
13 = Zielverkaufspreis                8011,13
14
15 + Kundenrabatt (iH)      20,000   2002,78
16 = Verkaufspreis                  10013,91
17                                  =========
```


3. Erstellen Sie die Tabelle DMFranc1.TAB (DM in Fanzösische Francs).

1.3 Absolute und relative Adressierung von Feldern

1.3.1 Relative Adressierung mittels Cursortasten

Problemstellung zu Tabelle MietPKW3.TAB:
Die Tabelle MietPKW2.TAB (Abschnitt 5.2) soll so zu einer Tabelle namens MietPKW3.TAB geändert werden, daß drei Mietwagenangebote in drei Spalten gegenübergestellt und analysiert werden können:

```
1 MietPKW2.TAB
2 Was-wäre-wenn-Analyse bei ...
3
4                      Angebot 1
5
6 Eingabe: DM fest?       100,00
7 Eingabe: DM je km?        0,10
8 Eingabe: km frei?       200,00
9
10 Ergebnis: DM zahlen:100,50
11
12 Entscheidung: km?       205,00
13
```

```
1 MietPKW3.TAB
2 Was-wäre-wenn-Analyse bei Mietwagen
3
4                   Ang 1    Ang 2    Ang 3
5
6 Eingabe: DM fest?    100,00   108,00    89,00
7 Eingabe: DM je km?     0,10     0,08     0,13
8 Eingabe: km frei?    200,00   100,00   300,00
9
10 Ergebnis: DM zahlen: 180,00   180,00   180,00
11
12 Entscheidung: km?    1000,00
13
```

Tabelle MietPKW2.TAB (links) und MietPKW3.TAB (rechts)

Zur Lösung des Problems wird wie folgt vorgegangen:
1. Tabelle MietPKW2.TAB laden (ÜBERTRAGEN-LADEN)
2. Formel in Z10S2 mit relativer Adressierung versehen (WERT)
3. Spalte 2 zweimal nach rechts kopieren (KOPIE-RECHTS)
4. Tabelle MietPKW3.TAB speichern (ÜBERTRAGEN-SPEICHERN)

Formel in Z10S2 mit zwei Adressierungsarten gemischt: Die Formel in Z10S2 soll später nach Z11S2 und Z12S2 kopiert werden. Dazu muß die Formel wie folgt kopierfähig gemacht werden:
- *Absolute Adressierung:* Die Entscheidung "km?" muß sich stets auf Z12S2 beziehen; die Eingabe ist somit fest auf die Spalte 2 bezogen. Man wählt die *absolute Adresse Z12S2.*
- *Relative Adressierung:* Die Eingaben "DM fest?", "DM je km?" und "km frei?" beziehen sich - je nach dem analysierten Angebot - auf die Spalten 2, 3 und 4. Man wählt die *relativen Adressen Z(-4)S, Z(-3)S und Z(-2)S.*
- Z(-4)S liest man als "aktive Zeile um 4 nach oben, aktive Spalte).

- Die Adresse Z(-4)S erreicht man über Cursortasten wie folgt:

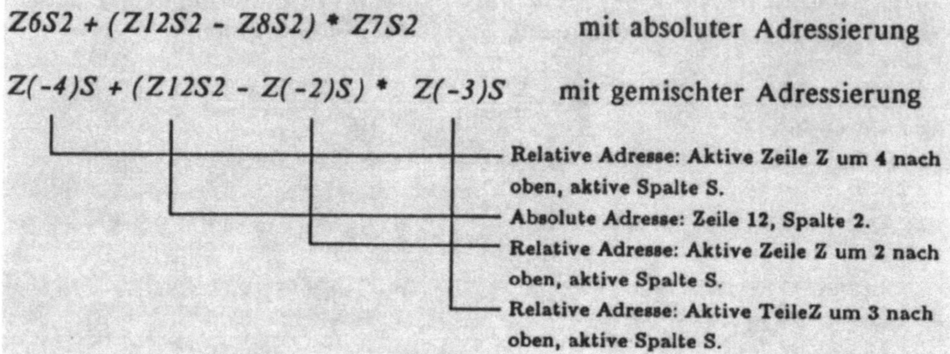

Formel in Z10S2 mit drei relativen und einer absoluten Adresse

Formel nach Z10S2 in gemischter Adressierung eingeben

Absolute Adressierung über ZzSs:
- Zeilennummer z und Spaltennummer s direkt nennen
- Nicht unbedingt kopierfähige Adresse

Relative Adressierung über Z(+-z)S(+-s)
- mit Richtungsangaben + und - sowie Entfernungsangaben z und s
- Richtung + für "Zeile nach unten" bzw. "Spalte nach rechts"
- Richtung - für "Zeile nach oben" bzw. "Spalte nach links"
- Kopierfähige Adresse

Adressierung zum Festlegen der Position

1.3.2 Spaltenkopie bei relativer Adressierung

Von der einspaltigen zur dreispaltigen Tabelle: Die Zahlenfelder des Angebots 1 sind einschließlich Zahlenwerten und Formeln von Spalte 2 in die Spalten 3 und 4 wie folgt zu kopieren:

Kopie	KOPIE-Befehl aktivieren
Rechts	Unterbefehl RECHTS aktivieren
Anzahl Kopien: 2	Zwei Kopien fertigen
Beginn bei: z4s2:z10s2	Feldbereich kopieren

```
   19
   20
MietPKW3.TAB
KOPIE RECHTS Anzahl Kopien: 2     Beginn bei: z4s2:z10s2
```

Bereich Z4S2:Z10S2 zweimal nach rechts kopieren

Nach Änderung des Dateinamens und Eingabe der Konditionen für die Angebote 2 und 3 kann die Tabelle unter dem Namen MietPKW3.TAB gesichert werden.

```
 1 MietPKW3.TAB
 2 Was-wäre-wenn-Analyse bei Mietwagen
 3
 4                      Ang 1    Ang 2    Ang 2        Ang 1    Ang 2    Ang 3
 5
 6 Eingabe: DM fest?    100,00   108,00    89,00      100,00   108,00    89,00
 7 Eingabe: DM je km?     0,10     0,08     0,13        0,10     0,08     0,13
 8 Eingabe: km frei?    200,00   100,00   300,00      200,00   100,00   300,00
 9
10 Ergebnis: DM zahlen:150,00   156,00   141,00      210,00   204,00   219,00
11
12 Entscheidung: km?    700,00                       1300,00
```

Zwei Analysebeispiele mit Tabelle MietPKW3.TAB

1.3.3 Adressierung mit Namen

Feld Z12S2 mit NAME-Befehl benennen: Für jede absolute Adresse (Einzelfeld oder Feldbereich) kann man einen Namen vergeben. Durch die Befehlsfolge

> *Feldzeiger nach Z12S2*
> *Name*
>   *Name eingeben: ENTSCHEIDUNG*

wird das Eingabefeld Z12S2 mit dem Namen ENTSCHEIDUNG benannt. Benannte Felder bieten zwei große Vorteile:
1. Gute Lesbarkeit und Übersichtlichkeit der Dokumentation
2. Tabellen können über benannte Felder verbunden werden (siehe Abschnitt 5.4)

```
Z6S2 + (Z12S2 - Z8S2)*Z7S2              Absolute Adressierung
Z(-4)S + (Z12S2)-Z(-2)S)*(Z(-3)S        Relative/absolute Adressierung
Z6S2 + (ENTSCHEIDUNG-Z8S2)*Z7S2         Ein benanntes Feld
FEST + (ENTSCHEIDUNG-FREI)*KM_SATZ       Alle Felder sind benannt
```

Formeln für Entscheidungsfeld Z12S2 in Tabelle MietPKW3.TAB

Name von Feld Z12S2 wieder löschen: Der Name eines Feldes wird gelöscht, indem man über den NAME-Befehl den zugeordneten BEREICH mit der Entf-Taste (Del-Taste) löscht. In der zugehörigen Formel muß der entsprechende Name natürlich ebenfalls entfernt werden (wenn nicht: Meldung "Name?" erscheint).

```
      19                                       ⌐Zum Löschen des Namens⌐
                                                hier Entf-Taste drücken⌐
      20
NAME: Namen eingeben: entscheidung              Bereich: Z12S2
               Makro: Ja(Nein)          Tastenschlüssel:
Bitte einen Namen eingeben!
```

NAME-Befehl zum Setzen und Löschen von Namen

1.4 Tabellen verbinden

Quelltabelle MietAdr1.TAB mit Zieltabelle MietPKW3.TAB verbinden:

In der Tabelle MietAdr1.TAB sind die Adressen und die Konditionen von Mietwagenfirmen gespeichert. MietAdr1.TAB soll wie folgt als Quelltabelle für die Zieltabelle MietPKW3.TAB dienen:
- Die Konditionen sind von der Quelltabelle MietAdr1.TAB automatisch in die Zieltabelle MietPKW3.TAB zu übernehmen.
- Bei jeder Änderung von Konditionen in der Quelltabelle wird die Zieltabelle aktualisiert.
- In der Zieltabelle können die Konditionen nicht geändert werden.

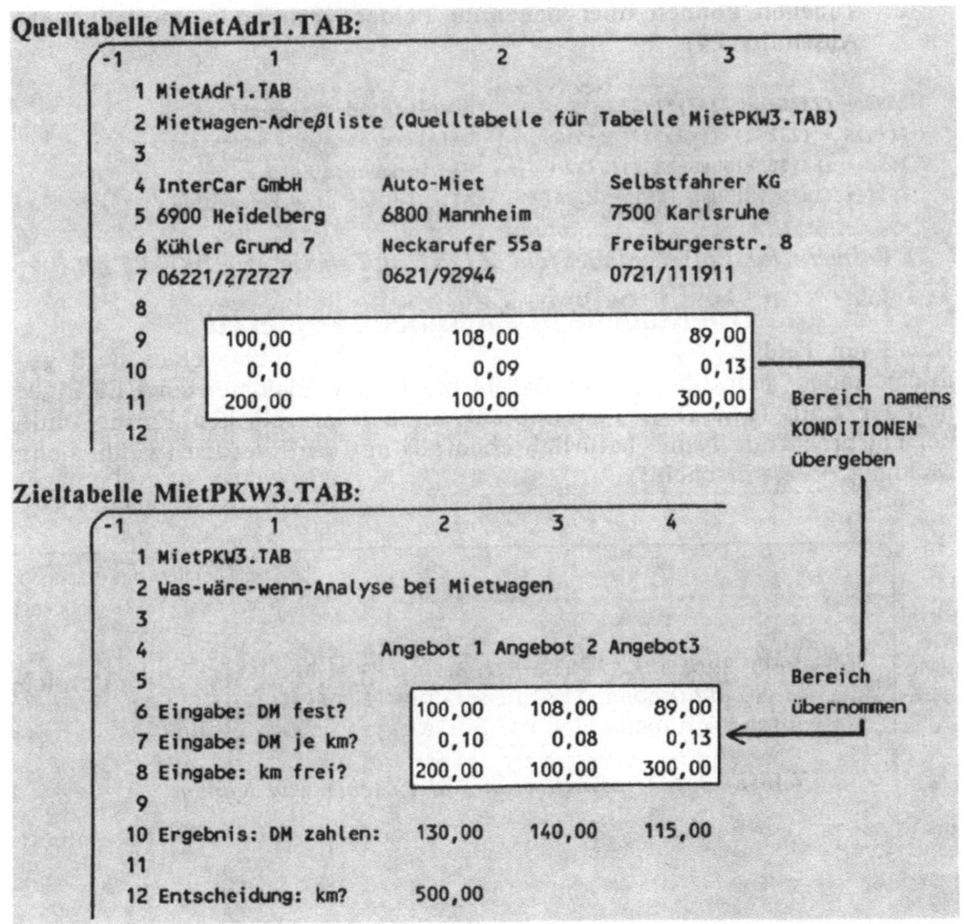

Quelltabelle MietAdr1.TAB:

```
   -1          1                    2                  3

    1 MietAdr1.TAB
    2 Mietwagen-Adreßliste (Quelltabelle für Tabelle MietPKW3.TAB)
    3
    4 InterCar GmbH        Auto-Miet            Selbstfahrer KG
    5 6900 Heidelberg      6800 Mannheim        7500 Karlsruhe
    6 Kühler Grund 7       Neckarufer 55a       Freiburgerstr. 8
    7 06221/272727         0621/92944           0721/111911
    8
    9      100,00               108,00               89,00
   10        0,10                 0,09                0,13      Bereich namens
   11      200,00               100,00              300,00      KONDITIONEN
   12                                                           übergeben
```

Zieltabelle MietPKW3.TAB:

```
   -1          1              2        3        4

    1 MietPKW3.TAB
    2 Was-wäre-wenn-Analyse bei Mietwagen
    3
    4                  Angebot 1 Angebot 2 Angebot3
    5                                                           Bereich
    6 Eingabe: DM fest?    100,00   108,00    89,00             übernommen
    7 Eingabe: DM je km?     0,10     0,08     0,13
    8 Eingabe: km frei?    200,00   100,00   300,00
    9
   10 Ergebnis: DM zahlen: 130,00   140,00   115,00
   11
   12 Entscheidung: km?    500,00
```

Quell- und Zieltabelle über den Bereich KONDITIONEN verbunden

1.4.1 Verbindung zwischen Tabellen aufbauen

1.4.1.1 Quelltabellenbereich benennen

NAME-Befehl: Das an die Zieltabelle zu übergebende Feld bzw. der zu übergebende Feldbereich muß in der Zieltabelle stets benannt sein. Mit der Befehlsfolge

```
Name
   Namen eingeben: konditionen
   Bereich: z9s1:z11s3
```

wird dem Bereich U9S1:Z11S3 der Name KONDITIONEN zugeordnet.

```
19
20
NAME: Namen eingeben: konditionen          Bereich: Z9S1:Z11S3
            Makro: Ja(Nein)    Tastenschlüssel:
Geben Sie bitte die Position eines Felds oder Tabellenbereichs ein!
```

Bildschirm zum Benennen mit dem NAME-Befehl

1.4.1.2 Von Quelltabelle in Zieltabelle kopieren

XTERN-KOPIE-Befehl: Dieser Befehl macht der Zieldatei die Daten der Quelldatei über einen benannten Feldbereich (hier KONDITIONEN) zugänglich. Nach dem Laden der Zieltabelle wird über die Befehlsfolge

```
Xtern
   Kopie von Tabelle: a:mietadr1.tab
   Bereichsname: konditionen
   Nach: z6s2
```

die Verbindung zwischen Quell- und Zieltabelle hergestellt und die KONDITIONEN übergeben. Voraussetzung dazu ist, daß der Bereich Z6S2:Z8S4 in der Zieltabelle leer ist. Bei Ausgabe der Meldung

```
Das Kopieren ist nur in leere Felder möglich!
```

muß zuerst der Bereich Z6S2:Z8S3 mit dem RADIEREN-Befehl geleert werden.

1. Befehl XTERN aufrufen:

```
20

XTERN: Kopie Liste Gesamt Umbenennen Aktualisieren
Wählen Sie bitte eine Option oder geben Sie deren Anfangsbuchstaben ein!
```

2. Unterbefehl KOPIE von Tabelle aufrufen:

```
20
XTERN KOPIE von Tabelle: a:mietadr1.tab      Bereichsname: konditionen
                  nach: Z6S2                 verbunden:(Ja)Nein
Geben Sie bitte die Position eines Felds oder Tabellenbereichs ein!
```

XTERN-Befehl in zwei Schritten aufrufen

1.4.2 Verbindung zwischen Tabellen lösen

Bei jedem Laden der Zieltabelle MietPKW3.TAB erscheint diese Meldung:

```
Kopieren: A:Mietadr1.TAB
```

Die aktuellen Werte des Bereichs KONDITIONEN werden in die Tabelle
übernommen. Der Versuch, diese Werte in der Zieltabelle zu ändern, wird
z.B. mit folgender Meldung abgelehnt:

```
Geschützte Felder dürfen nicht geändert werden: Z7S3
```

Beide Tabellen sind somit dauerhaft verbunden. Zur Lösung der Verbindung verwendet man wiederum den XTERN-KOPIE-Befehl:

```
XTERN
  KOPIE von Tabelle: a:mietadr1.tab
  Bereichsname: konditionen
  Nach: — — — — — — — — — —
```


Hinter der Option NACH wird die Löschen-Taste (Del, Entf) gedrückt.
Die Konditionsdaten im Bereich Z6S2:Z8S4 verschwinden und die Verbindung zur MietAdr1.TAB als Quelltabelle ist gelöst.

Aufgaben zu Abschnitt 1.3 und 1.4

1. Erweitern Sie die Tabelle Jahr1.TAB (Aufgabe 1 zu Abschnitt 1.1) durch relative Adressierung und Spaltenkopie wie folgt zu einer Tabelle Jahr2.TAB:
   - Vier Quartalsspalten für 1., 2., 3. und 4. Quartal (in Spalten 2 - 5).
   - Zusätzliche Spalte für die Jahressummen (in Spalte 6).
   - Zusätzliche Zeile für die Quartalssummen (in Zeile 12)

2. Erweitern Sie die Tabelle Kalk1.TAB (Aufgabe 3 zu Abschnitt 1.1) durch Einführung von Bereichsnamen und Spaltenkopie wie folgt zu einer Tabelle Kalk2.TAB:
   - Namen Selbst, Gewinn, Bar, Vertr, Ziel und Rabatt für Bereich "S3:5".
   - Namen GewinnProz, SkontoProz, ProvProz und RabattProz nur für "S2".

```
  -1                  1               2          3          4          5

   1 Kalk2.TAB
   2 Kalkulation von den Selbstkosten zum Verkaufspreis (mehrspaltig)
   3
   4                                %-Sätze  Produkt 1 Produkt 2 Produkt 3
   5                              --------- --------- --------- ---------
   6 Selbstkosten                          6000,00   7000,00    500,00
   7 + Gewinnzuschlag (iH)        20,000   1200,00   1400,00    100,00
   8 = Barverkaufspreis                    7200,00   8400,00    600,00
   9 — — —
```

3. Erstellen Sie eine Tabelle namens Planung1.TAB:

```
  -1        1        2         3         4         5         6

   1 Planung1.TAB
   2 Soll-/Ist-Vergleich von Planungs- und Statistikdaten
   3
   4 Monat      Planung  Statistik Abweichung
   5
   6 Januar       7000     7050       50
   -----
  11 Juni         6900     7031      131
  12 Juli         5010     5009       -1
  13 August       5900     6423      523
  14 September    6800     6898       98
  15 Oktober      7900     8059      159
  16 November     8240     8132     -108
  17 Dezember     8000     7905      -95
```

1.5 Dateiverarbeitung mit einer Tabelle

Datensatzorientierte Datei: Das Multiplan-System kann auch zur Verwaltung *datensatzorientierter Dateien* verwendet werden. Als Basisbeispiel wird auf eine Kundendatei mit drei Feldern je Datensatz zurückgegriffen:
- 1. Datenfeld: Nummer, numerisch, maximal 9999 ganzzahlig.
- 2. Datenfeld: Name, Zeichen (String), maximal 20 Zeichen lang.
- 3. Datenfeld: Umsatz, numerisch, maximal 999999.99, Dezimalzahl.

1.5.1 Tabelle über Funktionen auswerten

Kundendatei Kunden1.TAB erstellen und speichern: Die Datei soll wie in Abschnitt 4.1.3 strukturiert sein. Jeder Datensatz wird in einer Tabellenzeile gespeichert und besteht aus den Datenfeldern *Nummer*, *Name* und *Umsatz*. Vorgehensweise:
- Zeilen 1 und 2 in zusammenhängender Form formatieren.
- Spalte 1 zentriert formatieren.
- Spalte 2 auf eine Breite von 20 Stellen formatieren.
- Spalte 3 auf zwei Dezimalstellen formatieren.
- Textfelder eingeben.
- Zahlen und Texte in die Datenfelder eingeben.
- Formel in Ergebnisfeld Z17S3 eingeben.
- Tabelle testen.
- Tabelle unter dem Namen Kunden1.TAB speichern.

Kundendatei Kunden1.TAB in Multiplan-Normaldarstellung:

```
  -1      1             2            3

   1 Kunden1.TAB
   2 Kundendatei in Tabellenform
   3
   4  Nummer:  Name:                  Umsatz:
   5
   6    101    Frei                   6500,00
   7    104    Maucher                 295,60
   8    109    Hildebrandt            4990,05
   9    110    Amann                  1018,75
  10    107    Schulte-Tillmann     109000,00
  11    113    Rohrbach              86900,25
  12    115    Schultheiß             4009,80
  13    103    Freiburger            10000,80
  14    111    Klaus-Schulte        130600,40
  15    117    Schulz-Heidelberger   45080,50
  16                                ----------
  17                                398396,15
```

Funktion SUMME in Ergebnisfeld Z17S3: Multiplan stellt zahlreiche Funktionen zur Verfügung, die in Formeln aufgerufen werden. Am Beispiel der SUMME-Funktion in Feld Z17S3 von Tabelle Kunden1.TAB wird gezeigt, wie eine Funktion aufgerufen wird.

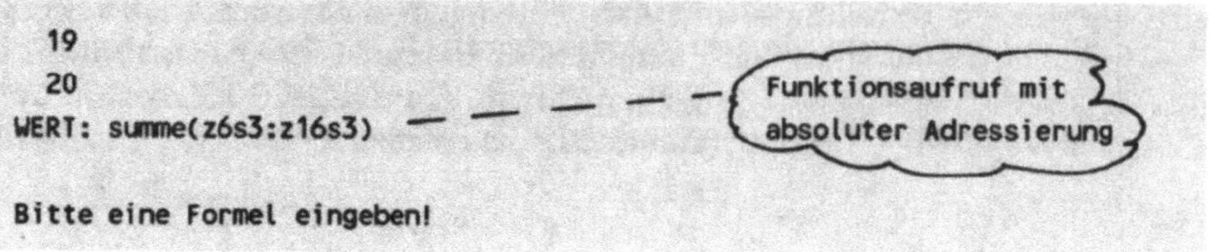

SUMME-Funktion in Ergebnisfeld Z17S3 eingeben

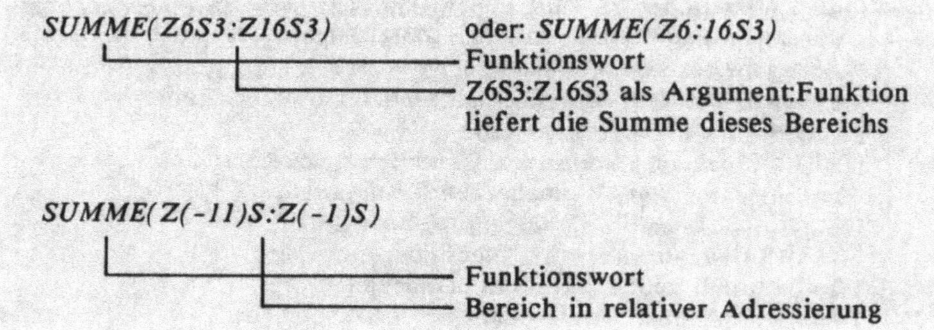

Funktionsaufruf bei absoluter oder relativer Adressierung

1.5.2 Tabelle spaltenweise sortieren

Ordnen-Befehl zum Sortieren: Nach Eingabe der Befehlsfolge

Feldzeiger nach Z6S2	Spalte 2, Zeile 6-15 beliebig
Ordnen	ORDNEN-Befehl aktivieren
Zeilen	ZEILEN-Unterbefehl aktivieren

wird die Tabelle nach Kundennamen (Spalte 2, Zeilen 6 bis 4095) aufsteigend (Sortierfolge ">") sortiert.

```
ORDNEN ZEILEN nach Spalten: 2  von Zeile: 6      bis: 15
            Sortierfolge: (>)<

Bitte eine Zahl eingeben!
```

Aufruf des ORDNEN-Befehls zum Sortieren der Kundendatei

Die sortierte Datei wird unter dem Namen Kunden2.TAB auf der Diskette gespeichert:

```
  -1       1            2            3        4         5

     1 Kunden2.TAB
     2 Kundendatei in Tabellenform, sortiert
     3
     4 Nummer:  Name:                   Umsatz:
     5
     6  110     Amann                  1018,75
     7  101     Frei                   6500,00
     8  103     Freiburger            10000,80
     9  109     Hildebrandt            4990,05
    10  111     Klaus-Schulte       130600,40
    11  104     Maucher                295,60
    12  113     Rohrbach             86900,25
    13  107     Schulte-Tillmann    109000,00
    14  115     Schultheiß            4009,80
    15  117     Schulz-Heidelberger  45080,50
    16                              ----------
    17                              398396,15
```

1.5.3 Tabelle verlängern

EINFÜGEN-Befehl: Die Anzahl der Datensätze einer Datei ist variabel. Ein neuer Datensatz kann z.B. wie folgt angefügt werden:
1. Unsortierte Datei Kunden2.TAB laden.
2. Vor Zeile 16 eine Leerzeile einfügen (EINFÜGEN-Befehl).
3. Neuen Datensatz in Zeile 16 eingeben (TEXT/WERT-Befehl).
4. Datei neu sortieren (ORDNEN-Befehl).
5. Datei unter dem Namen Kunden3.DAT speichern.

Durch die Befehlsfolge

Feldzeiger nach Z16S1	Irgend eine Spalte in Z16
Einfügen	EINFÜGEN-Befehl aktivieren
Zeile	Zeile vor Z16 einfügen

werden die bisherigen Zeilen 16 und 17 um 1 verschoben bzw. erhalten die Zeilennummern 17 und 18. Die Formel $SUMME(Z(-11)S:Z(-1)S)$ wird zu $SUMME(Z(-12)S:Z(-1)S)$ und bleibt somit gültig.
Hinweis: Wäre die Formel in der Form $SUMME(Z(-11)S:Z(-2)S)$ in der Tabelle Kunden2.TAB gespeichert worden, würde die Formel nach dem EINFÜGEN-Befehl unverändert bleiben und somit falsch sein.

```
19
20
EINFÜGEN ZEILE Zeilenanzahl: 1              vor Zeile: 16
                von Spalte: 1              bis Spalte: 255
Bitte eine Zahl eingeben!
```

EINFÜGEN-Befehl zum Verlängern der Kundendatei

Kunde eingeben und sortieren: Der neue Kunde "Kai vom Giersbergweg"
wird in Zeile 16 eingegeben und erscheint nach dem Sortieren und Speichern von Tabelle Kunden3.TAB in der Zeile 10:

```
 -1        1              2              3
  1 Kunden3.TAB
  2 Kundendatei in Tabellenform, verlängert
  3
  4  Nummer:  Name:                    Umsatz:
  5
  6   110     Amann                    1018,75
  7   101     Frei                     6500,00
  8   103     Freiburger              10000,80
  9   109     Hildebrandt              4990,05
 10   120     Kai vom Giersbergweg      777,77
 11   111     Klaus-Schulte          130600,40
 12   104     Maucher                   295,60
 13   113     Rohrbach                86900,25
 14   107     Schulte-Tillmann       109000,00
 15   115     Schultheiß               4009,80
 16   117     Schulz-Heidelberger     45080,50
 17                                 -----------
 18                                  398155,17
```

1.5.4 Befehlsfolge als Makro aufrufen

Wiederholt einzugebende Befehlsfolgen lassen sich als Makro in ein Textfeld speichern und dann über einen definierten Tastenschlüssel beliebig
oft aufrufen. Dazu geht man wie folgt vor:
  1. Makro in ein Textfeld eingeben (TEXT-Befehl).
  2. Makro mit Name und Tastenschlüssel benennen (NAME-Befehl).
  3. Makro wiederholt aufrufen (Alt-Tastenschlüssel).

1.5.4.1 Makro eingeben

Makro zum Sortieren der Datei nach Kundennamen: Die Tabelle Kunden3.TAB muß nach jeder Veränderung von Kundennamen neu sortiert werden. Dazu ist jeweils die Zeichen- bzw. Befehlsfolge *o2'tb6'rt* (Multiplan 3.0) bzw. *oz2'tb6'rt* (ab Multiplan 4.0) neu einzugeben:

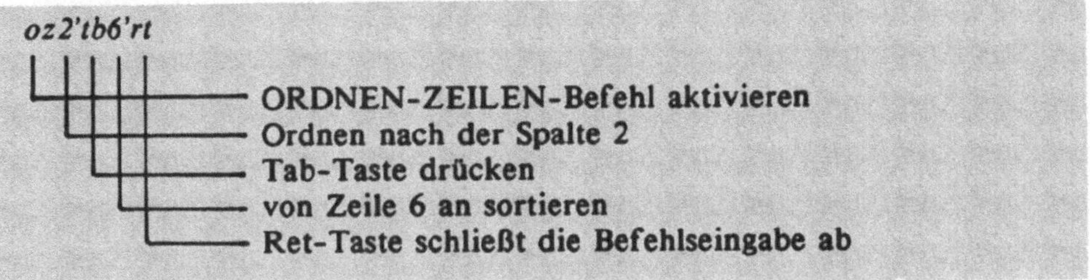

Befehlsfolge zum Sortieren als Makro-Kurzschreibweise

Diese Zeichenfolge wird über den TEXT-Befehl in irgendein freies Feld gespeichert, z.B. in das Feld Z20S1:

Feldzeiger nach Z20S1 *Text* *oz2'tb6'rt*	man könnte auch Z200S1 wählen TEXT-Befehl aktivieren zu speichernde Zeichenfolge

Tasten im Makro angeben: Tasten müssen mit einem Apostroph, gefolgt von zwei Buchstaben, im Makro angegeben werden.

Schlüssel bis Multiplan 4.0:

'lt	Leertaste	'un	Unterbrechen	'aa	Ausschnittanfang
'rt	Return	'zr	Zeichen rechts	'nl	Nach links
'tb	Tab	'na	Nächster Ausschnitt	'nf	Nächstes ungeschütztes Feld
'wl	Wort links	'nu	Nach unten	'vf	Vorheriges ungeschütztes Feld
'wr	Wort rechts	'lö	Löschen	'su	Seite nach unten
'zl	Zeichen links	'lf	Letztes Feld	'rc	Rück-Tab
'sl	Seite links	'sr	Seite rechts	'so	Seite nach oben
'nb	Neuberechnen	'az	Anführungszeichen	'la	Letzter Ausschnitt
'ad	Adressierung	'nr	Nach rechts	'rü	Rücktaste
'no	Nach oben	'hi	Hilfe	'ef	Erstes Feld

Schlüssel ab Multiplan 4.0:

'am	Menü aus	'ab	Bildschirm aus	'he	zum Befehlsfeld-Anfang
'em	Menü ein	'eb	Bildschirm ein	'en	zum Befehlsfeld-Ende

Schreibweise von Tastenschlüsseln in Makros

Makro-Befehlsworte: Neben Tastenschlüsseln können auch Befehlsworte in Makros geschrieben werden. Die folgenden Befehlsworte ermöglichen eine einfache Programmierung mit Makros (auf die Makro-Programmierung wird in diesem Buch nicht eingegangen).

```
'er Erläuterungstext'          Erläuterung
'we Bedingung'                 Bedingung überprüfen
'gz Positionsangabe'           Positionsangabe eines Feldes
'ma Positionsangabe'           Makroaufruf
'me                            Makroende nach 'ma
'qu                            Makro beenden, zurück zum Hauptmenü
'te Meldung 'Positionsangabe'  Aufforderung zur interaktiven Texteingabe
'wt Meldung 'Feldposition'     Aufforderung zur Eingabe von Werten
'is Systemmeldung'             Wie Befehl ? beim interaktiven Makro
'ew Positionsangabe 'Wert'     Befehl Wert aktivieren
'nb Positionsangabe'           Neuberechnung
'mü Positionsangabe'           Selbsterstellte Menüs anzeigen
'mf Positionsangabe'           Wie 'mü
'?                             Warten und Tastatureingabe entgegennehmen
```

Befehlsworte zum Programmieren in Makros

1.5.4.2 Makro benennen

Durch den Befehl

```
Feldzeiger nach Z20S1
Name
   Namen eingeben: Sort1
Bereich: Z20S1
Makro: Ja
Tastenschlüssel: so
```

Hier wird das Makro gespeichert

Im Z20S1 ist ein Makro abgelegt
Durch Alt-SO später aufrufbar

wird für das im Feld Z20S1 gespeicherte Makro der Name Sort1 und der Tastenschlüssel So vereinbart.

```
   19
   20 oz2'tb6'rt
NAME: Namen eingeben: Sort1              Bereich: Z20S1
            Makro: (Ja)Nein     Tastenschlüssel: so
Geben Sie bitte einen Tastenschlüssel ein!
Z20S1        "oz2'tb6'rt"              100% frei    Multiplan: A:Kunden3.TAB
```

Makro mit Name SORT1 und Tastenschlüssel SO benennen

1.5.4.3 Makro wiederholt aufrufen

Makrobefehl aufrufen: Durch Eingabe von *Alt-SO* kann der unter dem Namen Sort1 in Feld Z20S1 gespeicherte Makrobefehl jederzeit ausgeführt werden. Der über den NAME-Befehl vereinbarte Tastenschlüssel *SO* dient somit zum Direktaufruf eines Makrobefehls: Die durch die Tastenfolge im Makro gestapelten Befehle werden Schritt für Schritt ausgeführt. Beispiel:
- Neuen Datensatz in Tabelle Kunden3.TAB erfassen.
- Datei durch Eingeben von *Alt-SO* (bei gedrückter *Alt*-Taste *SO* eintippen) neu sortieren.
- Sortierte Datei Kunden3.TAB speichern.

Makrobefehl löschen: Ein Makro wird aus der Tabelle gelöscht, in dem man über den NAME-Befehl im BEREICH-Befehlsfeld die dortige Eintragung durch die *Entf*-Taste (*Del*-Taste) entfernt.

Aufgaben zu Abschnitt 1.5

1. Erweitern Sie Jahr2.TAB (Aufgabe 1 zu Abschnitt 1.3) zu Jahr3.TAB:

```
   -1        1          2          3          4          5          6

    1  Jahr3.TAB

    2  Jahresproduktionen in Rückblick und Prognose

    3

    4  RÜCKBLICK:

    5            1.Quartal 2.Quartal 3.Quartal 4.Quartal Jahrsumme

    6

    7  1985         2200      11000       9090       9800      37090

    8  1986         2900      10100       9892      10298      39610

    9  1987         3100      12987       8911       9967      41974

   10  1988         2700      11600       9591      10000      39890

   11

   12  Summe       10900      45687      37484      40065     158564

   13  Indexzahl 0,068742 0,2881297 0,2363967  0,252674 0,8459423

   14

   15  PROGNOSE:

   16  1989 - 1      687       2881       2364       2527      10000

   17  1989 - 2     1031       4322       3546       3790      15000

   18  1989 - 3     1375       5763       4728       5053      20000
```

2. Erweitern Sie Planung1.TAB (Aufgabe 3 zu Abschnitt 1.3) zu Planung2.TAB:
- Feldbereichsname ABWEICH für die Spalte 4.
- Zusätzliche Spalte 5 mit den prozentualen Abweichungen.
- Zusätzliche Zeile 19 mit den Summen (Funktion SUMME verwenden).

1.6   Ablaufsteuerung in Tabellen

1.6.1 Auswahlstrukturen bzw. Alternativen

.WENN-Funktion: Auswahlstrukturen werden durch *Wenn-dann-Abfragen* beschrieben. Multiplan stellt dazu die WENN-Funktion bereit. Ist die Bedingung wahr, wird der Dann-Wert, andernfalls der Sonst-Wert in das Feld geschrieben, in der die Formel mit der WENN-Funktion steht.

Format der WENN-Funktion

Problemstellung zu Tabelle MietPKW4.TAB:
Die Tabelle MietPKW3.TAB (Abschnitt 5.3) ist wie folgt zur Tabelle MietPKW4.TAB zu erweitern:
- *Wenig-km-Problem:* Für km-Entscheidungen, die unter der km-Freigrenze liegen, soll der DM-Grundbetrag genommen werden.
- *Extremwert-Problem:* Das beste und teuerste Angebot sind jeweils zu nennen.

Wenig-km-Problem mit WENN-Funktion lösen. In das Ergebnisfeld Z10S2 wird die folgende Formel eingegeben und anschließend zweimal nach rechts kopiert:

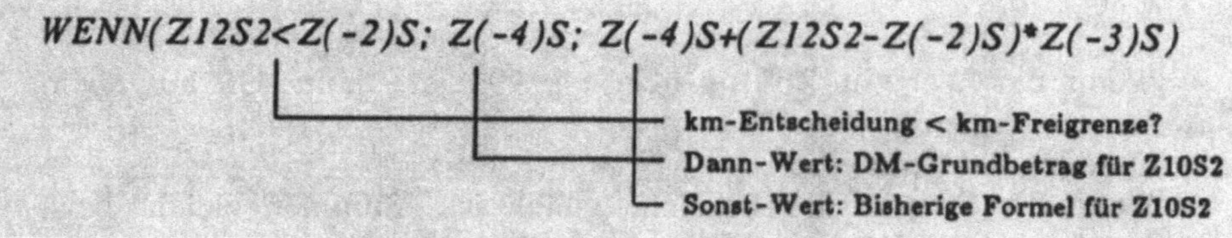

Formel in Z10S2 mit WENN-Funktion

Extremwert-Problem mit Funktionen WENN, MIN und MAX lösen: Die Eingabefelder in Zeile 10 (Bereich Z10S2:4) werden über den NAME-Befehl mit dem Namen BEZAHLEN belegt. In Z15S2 wird über den WERT-Befehl die Formel *WENN(Z(-5)S=MIN(bezahlen);Z(-5)S;" ")* eingetragen und zweimal nach rechts kopiert. In Z16S2 wird entsprechend die Formel *WENN(Z(-5)S=MAX(bezahlen);Z(-5)S;" ")* gespeichert und zweimal nach rechts kopiert. Die beiden Funktionen MIN(Liste) und MAX(Liste) geben das Minimum bzw. Maximum der angegebenen Liste zurück.

Tabelle MietPKW4.TAB in Normaldarstellung:

```
  -1           1          2        3        4

   1  MietPKW4.TAB
   2  Was-wäre-wenn-Analyse bei Mietwagen. Funktionen
   3
   4                        Angebot 1 Angebot 2 Angebot3
   5
   6  Eingabe: DM fest?      100,00   108,00    89,00
   7  Eingabe: DM je km?       0,10     0,08     0,13
   8  Eingabe: km frei?      200,00   100,00   300,00
   9
  10  Ergebnis: DM zahlen:   105,00   120,00    89,00
  11  -------------------------------
  12  Entscheidung: km?      250,00
  13  -------------------------------
  14  Auswertungen:
  15  Bestes Angebot:                            89,00
  16  Teuerstes Angebot:              120,00
```


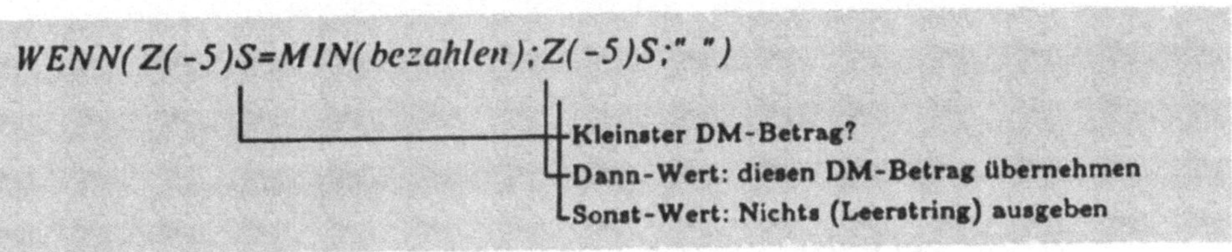

Formel in Z15S2, Z15S3 und Z15S4 mit Funktionen WENN und MIN

- Wenn der Wert in Z6S1 größer als 999 ist, dann 430 ausgeben,
  sonst nichts ausgeben:
  ```
  WENN(Z6S1)>999;430;" ")
  ```
- Wenn die Summe der Bereiche gleich ist, "Summen gleich" bzw.
  "ungleich" ausgeben:
  ```
  WENN(SUMME(Z7S1:Z9S5)=SUMME(Z23S3:Z44S11);"Summen gleich"; "...ungleich")
  ```
- Wenn Z33S3 kleiner als Z44S4 ist, dann Z33S3, sonst aber Z44S4
  in das Feld übernehmen, in der die Formel mit WENN steht:
  ```
  WENN(Z33S3<Z44S4;Z33S3;Z44S4)
  ```
- Wenn der Wert in ZS(-3) über 20000 ist, dann 7% dieses Wertes
  ermitteln, sonst taber 0:
  ```
  WENN(ZS(-3)>20000;7%*ZS(-3);0)
  ```

1.6.2   Wiederholungsstrukturen bzw. Iterationen

1.6.2.1 Endlosschleife

Endlosschleife als Fehlermeldung: Tippt man zum Beispiel in das leere
Feld Z7S2 die Formel *ZS+2* ein, gibt Multiplan die Fehlermeldung

> Endlosschleife in der Formel: Z7S2

aus. Die Formel *ZS+2* bedeutet: "addiere zum aktuellen Inhalt des Feldes
ZS, d.h. des Feldes, in dem die Formel steht, den Wert 2 hinzu". Da in
diesem Feld noch kein Wert gespeichert ist, wird die Fehlermeldung aus-
gegeben.

Endlosschleife als Voraussetzung für eine Iteration: Stellt man über den
ZUSÄTZE-Befehl im Befehlsfeld ITERATION auf Ja, wiederholt das Sy-
stem die Berechnung *ZS+2* immer wieder; in Feld Z7S2 erscheinen die
Zahlen 2, 4, 6, 8, 10,..., bis der Benutzer die *Esc*-Taste drückt. In einer
Schleife wird die Berechnung *ZS+2* wiederholt ausgeführt. Bei jeder Ta-
bellen-Neuberechnung wird die Iteration erneut durchlaufen.

```
19
20
ZUSÄTZE sofort rechnen: Ja Nein  Warnton aus: Ja(Nein)    Iteration:(Ja)Nein
Endekriterium in:          Text-/Wert-Modus: Ja(Nein)      Merke: Ja(Nein)
Wählen Sie bitte eine Option oder geben Sie deren Anfangsbuchstaben ein!
```

ZUSÄTZE-Befehl mit dem Befehlsfeld ITERATION

Hinweis: Zwischen der Ausführung von Iterationen bzw. zum Korrigieren
der Tabelle sollte das Befehlsfeld ITERATION stets wieder auf Nein gestellt werden.

1.6.2.2 Zählerschleife als geschlossene Schleife

Schleife mit Endebedingung über Funktion ZÄHLER: Die Funktion
ZÄHLER liefert die Anzahl der Schleifendurchläufe. ZÄHLER beginnt
mit 1 und erhöht *nach* jeder Iteration um 1. Eine endliche Schleife kann
dadurch konstruiert werden, in dem man ZÄHLER()=9 als Endebedingung in ein beliebiges Feld wie z.B. in Feld Z5S2 speichert (WERT-Be-

fehl) und auf dieses Feld als Endebedingung verweist. (ZUSÄTZE-Befehl):

Feldzeiger nach Z5S2
   Wert
      zähler( )=9

Feld für die Endebedingung

"Ergibt ZÄHLER() den Wert 9?"

Zusätze
   Iteration: ja
      Endekriterium in: z5s2

Wiederholungsstruktur
In Z5S2 wird ZÄHLER() abgefragt

1. Die Tabelle muß mindestens eine ausführbare Endlosschleife enthalten.
2. Im ZUSATZE-Befehl muß das Befehlsfeld ITERATION auf *Ja* eingestellt sein.
3. Im ZUSÄTZE-Befehl muß das Befehlsfeld ENDEKRITERIUM auf ein Feld verweisen, in dem eine Endebedingung steht.
4. Die Endebedingung muß zunächst FALSCH sein (sonst kann die Schleife nicht beginnen).

Voraussetzungen für endliche Schleifen bzw. Iterationen

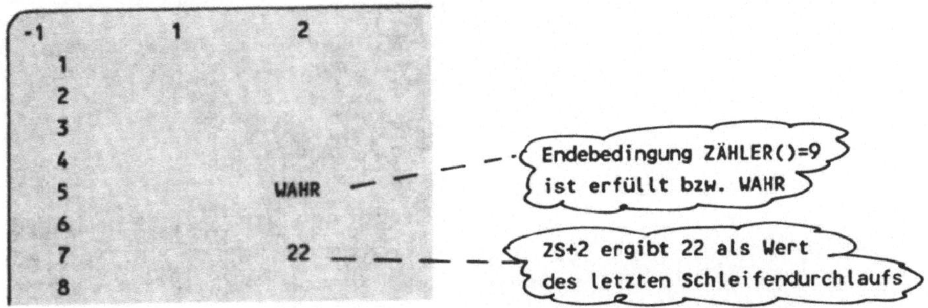

Schleife mit Iterationsformel in Z7S2 und Endebedingung in Z5S2

1.6.2.3 Näherungslösung als offene Schleife

Näherungslösungen: Zählerschleifen sind geschlossene Schleifen, da zu Beginn der Iteration die Anzahl der Wiederholungen festliegt. Bei offenen Schleifen arbeitet man mit Näherungen, wobei zu Beginn der Iteration noch offen ist, wie oft die Schleife durchlaufen wird. Durch Iteration lassen sich Gleichungen der Art $F(x) = 0$ schrittweise lösen; man beginnt mit einem Anfangswert x0 und berechnet mit jedem Iterationsschritt einen neuen x-Wert, der der Lösung der Gleichung näher liegt. In der Endebedingung muß ein Näherungswert festgelegt sein, damit die Wiederholung nicht endlos läuft.·

Problemstellung zu Tabelle Iterat1.TAB:
In der Tabelle Iterat1.TAB sollen für $F(x) = x * 0{,}5$ über eine Iteration Werte ermittelt werden, wobei
- beliebige Anfangswerte für x0 eingegeben werden können.
- die Endebedingung als Formel beliebig festgelegt werden kann.

Zwei Iterationen mit Tabelle Iterat1.TAB:

1 Iterat1.TAB	
2 Iteration mit bel. Endebedingung	
3	
4 Anfangswert für x?	2
5 Endebedingung?	WAHR
6	
7 Wert von x = x * 0,5:	0,0009766
8	
9 Gezählte Wiederholungen:	11
10	
11	1	1
12	2	0,5
13	3	0,25
14	4	0,125
15	5	0,0625
16	6	0,03125
17	7	0,015625
18	8	0,0078125
19	9	0,0039063
20	10	0,0019531
21	11	0,0009766
22	12	NV!
23	13	NV!

1 Iterat1.TAB	
2 Iteration mit Bel. Endebedingung	
3	
4 Anfangswert für x?	24
5 Endebedingung?	WAHR
6	
7 Wert von x = x * 0,5:	0,0058594
8	
9 Gezählte Wiederholungen:	12
10	
11	1	12
12	2	6
13	3	3
14	4	1,5
15	5	0,75
16	6	0,375
17	7	0,1875
18	8	0,09375
19	9	0,046875
20	10	0,0234375
21	11	0,0117188
22	12	0,0058594
23	13	NV!

Endebedingung x<0,001; Anfangswert 2;
Iterationen 1 - 11

Endebedingung x<0,01; Anfangswert 24;
Iterationen 1 - 12

NV! als Fehlerwert: Im entsprechenden Feld ist kein Wert verfügbar; die Formel bezieht sich auf ein leeres Feld.

Tabelle Iterat1.TAB in Formeldarstellung:

```
 1 "Iterat1.TAB"
 2 "Iteration mit bel. Endebedingung"
 3
 4 "Anfangswert für x?"              24
 5 "Endebedingung?"                 x<0,01
 6
 7 "Wert von x = x * 0,5:"          WENN(ISTNV(ZÄHLER());ANFANG;x*0,5)
 8
 9 "Gezählte Wiederholungen:"       ZÄHLER()
10
11 ZEILE()-10                       WENN(ZÄHLER()=ZEILE()-10;x;ZS)
12 ZEILE()-10                       WENN(ZÄHLER()=ZEILE()-10;x;ZS)
13 ZEILE()-10                       WENN(ZÄHLER()=ZEILE()-10;x;ZS)
14 ZEILE()-10                       WENN(ZÄHLER()=ZEILE()-10;x;ZS)
15 ZEILE()-10                       WENN(ZÄHLER()=ZEILE()-10;x;ZS)
16 ZEILE()-10                       WENN(ZÄHLER()=ZEILE()-10;x;ZS)
17 ZEILE()-10                       WENN(ZÄHLER()=ZEILE()-10;x;ZS)
18 ZEILE()-10                       WENN(ZÄHLER()=ZEILE()-10;x;ZS)
19 ZEILE()-10                       WENN(ZÄHLER()=ZEILE()-10;x;ZS)
20 ZEILE()-10                       WENN(ZÄHLER()=ZEILE()-10;x;ZS)
```

Vorgehensweise zum Aufbau der Iteration:
1. Texte eingeben (TEXT-Befehl).
2. Z4S2 mit ANFANG und Z7S2 mit x benennen (NAME-Befehl).
3. Formel WENN(ISTNV(ZÄHLER());ANFANG;x*0,5) in Z7S2 eingeben (WERT-Befehl): Wenn Zählerwert unbestimmt ist, dann den Wert von ANFANG, sonst aber den Wert x*0,5 übernehmen.
4. Funktionsaufruf ZÄHLER() in Z9S2 eingeben (WERT-Befehl). Die Funktion zeigt den aktuellen Zählerwert an.
5. Formel WENN(ZÄHLER()=ZEILE()-10;x;ZS) in Z11S2 eingeben und 9 mal nach unten kopieren (WERT- und KOPIE-Befehl). ZEILE() liefert den Wert der aktuellen Zeile.
6. Formel ZEILE()-10 in Z11S1 eingeben und 9 mal nach unten kopieren.
7. Befehlsfelder ITERATION auf Ja und ENDEKRITERIUM auf Z5S2 einstellen (ZUSÄTZE-Befehl).
8. Tabelle unter dem Namen Iterat1.TAB speichern.

Vorgehensweise zur Durchführung einer Iteration:
1. Anfangswert nach Z4S2 eingeben (WERT-Befehl).
2. Endebedingung als Formel nach Z5S2 eingeben (WERT-Befehl).
3. Iterationswerte ablesen.

Iteration mit Tabelle Iterat1.TAB (Endebedingung ZAEHLER()=5): Die Tabelle Iterat1.TAB kann auch als Zählerschleife verwendet werden. Dazu wird in Z5S2 die Näherungsbedingung (z.B. x<0,0001) durch einen Zählervergleich (z.B. ZAEHLER()=5 oder ZAEHLER()>17) ersetzt.

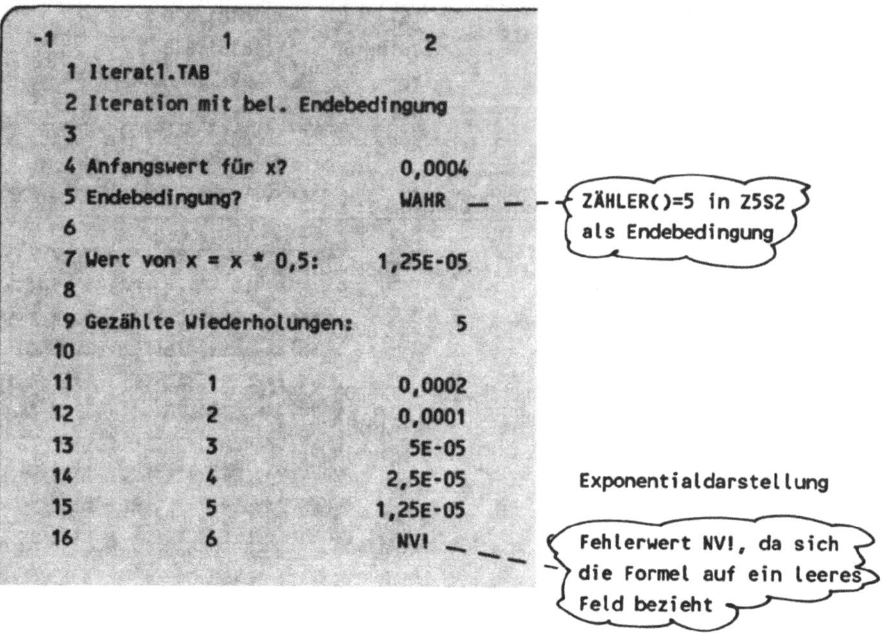

1.6.2.4 Offene Schleife über Funktion DELTA

Iteration mit DELTA()<0,01   (Endergebnis auf einen Pfennig genau)

11	1	1820,000	18200,000
12	2	1818,000	18180,000
13	3	1818,200	18182,000
14	4	1818,180	18181,800
15	5	1818,182	18181,820
16	6	1818,182	18181,818
17	7	NV!	NV!
18	8	NV!	NV!
19	9	NV!	NV!

Iteration mit DELTA()<1 (auf 1 DM genau):

1	Iterat2.TAB		
2	Iteration mit DELTA-Funktion als Endebedingung		
3			
4	Bruttogewinn?	20000	
5	Prozentsatz für Prämie?	10	
6	Anfangswert Nettogewinn?	18000	
7	Prämie:	1818,18	
8	Nettogewinn:	18181,8	
9	Endebedingung:	WAHR	
10	Wiederholung:	Prämie:	Nettogewinn:
11	1	1820,000	18200,000
12	2	1818,000	18180,000
13	3	1818,200	18182,000
14	4	1818,180	18181,800
15	5	NV!	NV!
16	6	NV!	NV!

Iteration mit DELTA()<0,01

1	Iterat2.TAB		
2	Iteration mit DELTA-Funktion als Endebedingung		
3			
4	Bruttogewinn?	1000	
5	Prozentsatz für Prämie?	10	
6	Anfangswert Nettogewinn?	900	
7	Prämie:	90,9091	
8	Nettogewinn:	909,091	
9	Endebedingung:	WAHR	
10	Wiederholung:	Prämie:	Nettogewinn:
11	1	91,000	910,000
12	2	90,900	909,000
13	3	90,910	909,100
14	4	90,909	909,090
15	5	90,909	909,091
16	6	NV!	NV!
17	7	NV!	NV!

Formeldarstellung zur Tabelle Iterat2.TAB (Spalte 1 oben und Spalten 2 sowie 3 unten wiedergegeben):

```
-1                              1
  1 "Iterat2.TAB"
  2 "Iteration mit DELTA-Funktion"
  3
  4 "Bruttogewinn?"
  5 "Prozentsatz für Prämie?"
  6 "Anfangswert Nettogewinn?"
  7 "Prämie:"
  8 "Nettogewinn:"
  9 "Endebedingung:"
 10 "Wiederholung:"
 11 ZEILE()-10
 12 ZEILE()-10
 13 ZEILE()-10
 14 ZEILE()-10
 15 ZEILE()-10
 16 ZEILE()-10
 17 ZEILE()-10
```

```
-1              2                           3
  1
  2 "ion als Endebedingung"
  3 WENN(WAHR();"";DELTA())
  4 1000
  5 10
  6 900
  7 PROZENT*netto/100
  8 WENN(ISTNV(ZÄHLER());ANFANG;BR
  9 DELTA()<0,01
 10 "Prämie:"                    "Nettogewinn:"
 11 WENN(ZÄHLER()=ZEILE()-10;PRÄMIWENN(ZÄHLER()=ZEILE()-10;netto
 12 WENN(ZÄHLER()=ZEILE()-10;PRÄMIWENN(ZÄHLER()=ZEILE()-10;netto
 13 WENN(ZÄHLER()=ZEILE()-10;PRÄMIWENN(ZÄHLER()=ZEILE()-10;netto
 14 WENN(ZÄHLER()=ZEILE()-10;PRÄMIWENN(ZÄHLER()=ZEILE()-10;netto
 15 WENN(ZÄHLER()=ZEILE()-10;PRÄMIWENN(ZÄHLER()=ZEILE()-10;netto
 16 WENN(ZÄHLER()=ZEILE()-10;PRÄMIWENN(ZÄHLER()=ZEILE()-10;netto
 17 WENN(ZÄHLER()=ZEILE()-10;PRÄMIWENN(ZÄHLER()=ZEILE()-10;netto
```

1.6.3 System- bzw. makrogeführter Dialog

Eine in einem Makro abgelegte Tasten- bzw. Befehlsfolge kann über *Alt-Tastenschlüssel* beliebig oft zur Ausführung bebracht werden (vgl. Abschnitt 5.5.4). Damit kann man ein Makro auch zur Führung des Dialogs zwischen dem Benutzer und dem System verwenden.

Problemstellung zum Eingabe-Makro in Tabelle MietPKW6.TAB:
Ein über den Tastenschlüssel EI aufgerufenes Makro soll den Dialog wie folgt führen:
- Unten in der Meldungszeile soll die Frage "Welcher DM Betrag ist fest zu bezahlen?" erscheinen. Der Cursor soll nach Z6S2 springen und die Benutzereingabe in dieses Feld speichern.
- Auf diese Weise soll der Dialog zur Eingabe in Z7S2, Z8S2 und Z12S2 geführt werden.
- Danach soll das Makro enden und zum Hauptmenü zurückkehren.

Tabelle MietPKW6.TAB in Normaldarstellung:

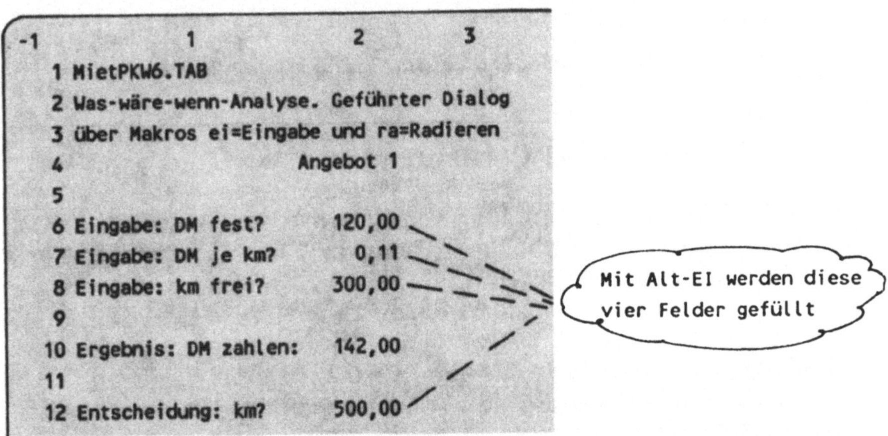

Makro zur systemgeführten Eingabe erstellen:
- Makro in Z20S1 mittels NAME-Befehl benennen.
- Sechs Makrobefehle ab Z20S1 eingeben.
- *'er*-Befehl zum Ablegen von Kommentar.
- *'wt*-Befehl zur Zahleneingabe in das angegebene Feld mit Textausgabe als Eingabeaufforderung.
- *'qu*-Befehl zum Beenden des Makros (Rückkehr ins Hauptmenü).
- Makro beliebig oft aufrufen mit den Tasten *Alt-EI*.

```
20 'er Makro (Name: Eingabe, Aufruf: ei) zur systemgeführten Eingabe
21 'wt Welcher DM Betrag ist fest zu bezahlen? 'z6s2'
22 'wt Wieviel DM sind je gefahrenen km zu bezahlen? 'z7s2'
23 'wt Wieviel km sind ohne variable Kosten frei? 'z8s2'
24 'wt ... nun Ihre erste km-Entscheidung? 'z12s2'
25 'qu
```

Eingabe-Makro namens EI ab Z20S1 gespeichert

Problemstellung zum Radier-Makro in Tabelle MietPKW6.TAB:
Ein über den Tastenschlüssel RA aufrufbares Radier-Makro soll die Werte der numerischen Felder ausradieren. Damit kann in der Tabelle Miet-PKW6.TAB die Eingabe neuer Konditionen über einen "sauberen Bildschirm" abgewickelt werden.

```
27 'er Makro (Name: radier, Aufruf: ra) zum Radieren aller Zahlen
28 rz6:8s2'rt
29 rz12s2'rt
30 gz6'tb2'rt
```

Radier-Makro RA ab Z27S1 gespeichert

Aufgaben zu Abschnitt 1.6

1. WENN-Funktion zur Bildung von Alternativen (Abschnitt 1.6.1):
   a) Wie werden die Probleme "Wenig-km" und "Extremwert" in Tabelle MietPKW4.TAB gelöst?
   b) Wie lautet die Formeldarstellung zu MietPKW4.TAB?

2. Bildung von Iterationen (Abschnitt 1.6.2):
   a) Welche vier Punkte sind zur Schleifenbildung zu beachten?
   b) Wenden Sie das in der Tabelle Iterat1.TAB verwendete Vorgehen zur Näherungslösung auf eine andere Gleichung an.
   c) Warum wird in der Tabelle Iterat2.TAB die DELTA-Funktion verwendet, nicht aber in Tabelle Iterat1.TAB?

3. Zum makrogeführten Dialog in Tabellen (Abschnitt 1.6.3):
   a) Ändern Sie die Tabelle MietPKW6.TAB so zu einer Tabelle Miet-PKW5.TAB ab, daß der Eingabedialog beim Starten automatisch (Autoexec) erfolgt.
   b) Kann der Radier-makro im Eingabe-makro aufgerufen werden?

Informationstechnische Grundbildung
Multiplan

Die folgende Referenz bezieht sich auf das Planungssystem Multiplan. Die
Vereinbarungen, Befehle bzw. Funktionen beziehen sich
- auf Multiplan 3.0 und 4.0, wenn keine Version vermerkt ist.
- nur auf Multiplan 4.0, wenn dies ausdrücklich vermerkt ist.

2.1   Grundlegende Definitionen von Multiplan

2.1.1 Datentypen

Datentyp Numerisch bzw. Zahlen:
- Ganze Zahlen   887
- Dezimalzahlen   526,88 (Dezimalkomma)
- Exponentialdarst.   14,3E+2 für 14,3 * 10 hoch 2 = 1430
- Genauigkeit   14 Stellen: Exponent -307 bis +308
- Kleinste Zahl   1 * 10 hoch -307
- Größte Zahl   9,999 999 999 999 9*10 hoch +307
- Rechenzeichen   - (Negation) % (Prozent) ^ * / + -
                                in abnehmender Priorität

Datentyp String (Zeichenkette, Text):
- Maximallänge   Text zwischen " " bis 255 Zeichen
- Stringverkettung &   "Till "&"mann" ergibt "Tillmann"
- Stringfunktionen   LÄNGE, TEIL, FEST, WERT

Datentyp Logisch (WAHR und FALSCH als Ergebnis von Vergleichen):
- Sechs Vergleichszeichen   < <= > >= = <>
                                Strings sind nicht vergleichbar
- Fünf Funktionen   UND, ODER, NICHT, WAHR
                                und FALSCH

Bestandteile von Formeln:
- Zahlen   Normal- oder Exponentialdarstellung
- Text   Zwischen " "
- Adreßangaben   Z7S2 als absolute Feld-Adresse
                                Z7S2:Z9S4 als abs. Bereich-Adresse
                                Su als Name bzw. benannte Adresse
- Logische Werte   Datentyp mit WAHR oder FALSCH
- Fehlerwerte   z.B. DIV/0!, WERT!, NV!

2.1.2 Adressierung

Absolute Adressierung (Positionierung) in Feldern:
- Zn   Zeilennummer n (1 - 4095)
- Sn   Spaltennummer n (1 - 255)
- Zn:m   Alle Zeilen von n bis m
- Sn:m   Alle Spalten von n bis m
- ZnSm   Einzelnes Feld
- Zn:mSp:q   Rechteckiger Feldbereich

Relative Adressierung (Positionierung) von Feldern:
- Z(+n)   n Zeilen unterhalb der aktiven Zeile
- Z(-n)   n Zeilen oberhalb der aktiven Zeile
- S(+n)   n Spalten rechts der aktiven Spalte
- S(-n)   n Spalten links der aktiven Spalte)
- ZS(-1)   Feld links vom aktiven Feld
- Z(+1)S   Feld unterhalb des aktiven Feldes
- Z(-2)S(+4)*Z7S3   Relative, absolute Adresse gemischt

Adressen von Feld oder Bereich mit Namen benennen:
- Namen   Mit Buchstaben beginnen, bis 31
                              Zeichen lang; Buchstaben, Ziffern,
                              "." und Unterstrich "_" erlaubt

2.1.3 Anweisungsvorrat

Multiplan stellt folgende Anweisungen zur Verfügung: *Befehle, Funktionen, Operatoren* und *Makrocodes.*

Hauptmenü von Multiplan mit 21 Befehlen:

```
BEFEHL:Text Ausschnitt Bewegen Druck Einfügen Format Gehezu Hilfe Kopie Löschen
Name Ordnen Pfad Quitt Radieren Schutz Übertragen Verändern Wert Xtern Zusätze
Wählen Sie bitte eine Option oder geben Sie deren Anfangsbuchstaben ein!
```

Zwei Möglichkeiten zur Befehlsauswahl aus dem Hauptmenü:
1. Anfangsbuchstaben des Befehlswortes eingeben.
2. Befehlszeiger mit der Leertaste zum Befehlswort bewegen und den Befehl mit der Return-Taste aktivieren.

Unter Multiplan 4.0 mit den Menüs von Multiplan 3.0 arbeiten:

Über den Befehl ZUSÄTZE MENÜ_3.0 JA wird das Befehlsmenü von Multiplan 3.0 so lange angezeigt, bis ZUSÄTZE MENÜ_3.0 NEIN eingestellt wird.

Vorauswahl eines Feldbereichs ab Multiplan 4.0:
Ein Feldbereich kann markiert werden, *bevor* ein Befehl aktiviert wird.
1. Cursor in eine Ecke des zu markierenden Bereichs bewegen.
2. F6 (Erweiterung) und Cursor zur gegenüberliegenden Ecke.
3. Befehl wählen; Multiplan schlägt den markierten Bereich vor.

Neue bzw. geänderte Befehle ab Multiplan 4.0:
- AUSSCHNITT: Fünf Unterbefehle identisch. Optionen geändert.
- DRUCK: Fünf Unterbefehle identisch. Optionen geändert.
- FORMAT: Unterbefehle Breite_der-Spalten, Druckerschriftarten, Ersetzen, Felder und Optionen; Unterbefehl Zeit_Datum ausgelagert. Optionen geändert.
- ORDNEN: Unterbefehle Spalten, Zeilen. Optionen angepaßt.
- PFAD: Unterbefehle Betriebsystem, Kontrolle, Ausgabe, Datenbank. Optionen geändert.
- ÜBERTRAGEN: Unterbefehle Laden, Speichern, Bildschirmlöschen, Dateilöschen, Optionen, Umbenennen; Import/Export ausgelagert. Optionen geändert.
- ZUSÄTZE: Unterbefehle Sofort rechnen, Warnton, Iteration, Endekriterium in, T/W-Modus, Merke, Menü_3.0. Optionen geändert.

Neue Funktionen ab Multiplan 4.0:
- *Datenbankfunktionen:* DBANZAHL(), DBANZAHL2(), DBMAX(), DBMIN(), DBMITTELWERT(), DBPRODUKT(), DBSTDABW(), DBSTDABWN(), DBSUMME(), DBVARIANZ(), DBVARIANZEN().
- *Datums- und Zeitfunktionen:* identisch.
- Finanzmathematische Funktionen: DIA(), GDA(), KAPZ(), LIA(), ZINSZ().
- *Logische Funktionen:* ISTFEHLER(), ISTLOG().
- *Mathematische Funktionen:* FAKULTÄT(), KÜRZEN(), LOG(), PRODUKT().
- *Sonderfunktionen:* VERSION(), VERWEIS(), WAHL().
- *Statistische Funktionen:* ANZAHL2(), STABWN(), VARIANZ(), VARIANZEN().
- *Textfunktionen:* ERSETZEN(), FINDEN(), SUCHEN() (die Multiplan 3.0-Funktion heißt jetzt VERWEIS()), WECHSELN().
- *Trigonometrische Funktionen:* ASCCOS(), ARCSIN(), ARCTAN2().

Operatoren " " (Leerstelle), ":" und ";":
- Schnittmengenoperator " ":
  Z S7 schneidet die aktive Zeile mit der Spalte 7
- Bereichsoperator ":":
  a:b mit a als Adreßangabe links oben und b rechts unten.
- Verknüpfungsoperator ";":
  Z7S2;Z1S1 verknüpft die entfernten Felder Z7S2 und Z1S1.
  Z7S2;Z7S3 entspricht Z7S2:3 bzw. Z7S2:Z7S3.

Fehlerwerte bei Fehler in Funktion, Operation oder Adresse:
- DIV/0!   Durch 0 dividiert
- NAME!   Name nicht vereinbart
- NV!   Wert ist nicht verfügbar
- NULL!   Schnittmengenoperator: leere Menge
- NUM!   Arithm. Funktion nicht verwendbar
- POS!   Position (Adresse) nicht erreichbar
- WERT!   String anstelle Zahl verwendet

Verwaltung einer Datenbank ab Multiplan 4.0:
In Multiplan 4.0 besteht die Möglichkeit, eine Datenbank (Datei mit einer Sammlung von Datensätzen) als Teil einer Tabelle zu verwalten.
- Über den Befehl PFAD Datenbank können Datensätze kopiert, gelöscht und gesucht werden.
- Über spezielle Datenbankfunktionen kann die Datenbank ausgewertet werden.

Makrocodes als Tastenschlüssel:
Tasten müssen mit einem Apostroph, gefolgt von zwei Buchstaben, im Makro angegeben werden. In der folgenden Übersicht sind die erst ab Multiplan 4.0 gültigen Tastenschlüssel (Makrocodes) mit getrennt angeführt:

Tastenschlüssel:

'lt	Leertaste	'un	Unterbrechen	'aa	Ausschnittanfang
'rt	Return	'zr	Zeichen rechts	'nl	Nach links
'tb	Tab	'na	Nächster Ausschnitt	'nf	Nächstes ungeschütztes Feld
'wl	Wort links	'nu	Nach unten	'vf	Vorheriges ungeschütztes Feld
'wr	Wort rechts	'lö	Löschen	'su	Seite nach unten
'zl	Zeichen links	'lf	Letztes Feld	'rc	Rück-Tab
'sl	Seite links	'sr	Seite rechts	'so	Seite nach oben
'nb	Neuberechnen	'az	Anführungszeichen	'la	Letzter Ausschnitt
'ad	Adressierung	'nr	Nach rechts	'rü	Rücktaste
'no	Nach oben	'hi	Hilfe	'ef	Erstes Feld

Tastenschlüssel ab Multiplan 4.0:

```
'am  Menü aus        'ab  Bildschirm aus      'he  Zum Anfang Befehlsfeldeingabe
'em  Menü an         'eb  Bildschirm an       'en  Zum Ende Befehlsfeldeingabe
```

Makro-Befehlsworte: Neben Tastenschlüsseln können folgende Befehlsworte in Makros geschrieben werden.

```
'er Erläuterungstext'            Erläuterung
'we Bedingung'                   Bedingung überprüfen
'gz Positionsangabe'             Positionsangabe eines Feldes
'ma Positionsangabe'             Makroaufruf
'me                              Makroende nach 'ma
'qu                              Makro beenden, zurück zum Hauptmenü
'te Meldung 'Positionsangabe'    Aufforderung zur interaktiven Texteingabe
'wt Meldung 'Feldposition'       Aufforderung zur Eingabe von Werten
'is Systemmeldung'               Wie Befehl ? beim interaktiven Makro
'ew Positionsangabe 'Wert'       Befehl Wert aktivieren
'nb Positionsangabe'             Neuberechnung
'mü Positionsangabe'             Selbsterstellte Menüs anzeigen
'mf Positionsangabe'             Wie 'mü
'?                               Warten und Tastatureingabe entgegennehmen
```

2.2 Befehlsstruktur des Hauptmenüs

Zu jedem Befehl des Multiplan-Hauptmenüs werden die zugehörigen Unterbefehle sowie Befehlsworte (Optionen) zusammengestellt.

2.2.1 Befehlsstruktur von Multiplan 3.0

Befehl:	Unterbefehl:	Befehlswort (Option):
TEXT		:
AUSSCHNITT	Teilen	Waagerecht Senkrecht Bezeichnung
	Umrahmen	Ändern in Ausschnitt-Nr. Dateinamen anzeigen
	Löschen	
	Verbinden	Ausschnitt-Nr Mit Ausschnitt-Nr
		Verbinden:JaNein
	Farbe	Text Hintergrund Rahmen
BEWEGEN	Zeilen	von Zeile: bis vor Zeile: Zeilenanzahl:
	Spalten	von Spalte: bis vor Spalte: Spaltenanzahl:

DRUCK	Drucker	
	Platte/Diskette	
	Randbegrenzung	Links Oben Druckbreite Drucklänge
		Seitenlänge Einrücken
	Optionen	Bereich Steuerzeichen Anschluß
		Formeln:JaNein Zeilen/Spalten-Nr.: Währung
EINFÜGEN	Zeile	Zeilenanzahl: vor Zeile: von Spalte:
		bis Spalte:
	Spalte	Spaltenanzahl: vor Spalte: von Zeile:
		bis Zeile:
FORMAT	Felder	Ausrichtung Formatcode
	Standard	Felder Breite der Spalten Höhe
	Optionen	Tausenderpunkte:JaNein Formeln:JaNein
	Breite_der_Spalten	Zeichenanzahl oder Standardwert s
		von Spalte: bis Spalte:
	Währung	
	Zeit_Datum	Felder Ersetzen
GEHEZU	Makro	
	Name	
	Zeile_Spalte	Zeile: Spalte:
	Ausschnitt	Ausschnitt-Nr: Zeile: Spalte:
HILFE	Wiederaufnahme	
	Erklärung ...	
KOPIE	Rechts	Anzahl Kopien Beginn bei: ZS
	Nach Unten	Anzahl Kopien Beginn bei: ZS
	Von	Feld: ZS in Feld: ZS
LÖSCHEN	Zeile	Zeilenanzahl: Beginn bei: von Spalte: bis:
	Spalte	Spaltenanzahl: Beginn bei: von Zeile: bis:
NAME		Name definieren Bereichsangabe
		Makro Tastenschlüssel
ORDNEN		der Spalte: von Zeile: bis Zeile:
		Sortierfolge:(>)<
PFAD	Betriebssystem	
	Kontrolle	Formeln Bezüge
	Ausgabe	

```
QUITT

RADIEREN                              Felder

SCHUTZ          Felder                ZS  Status
                Rechenformeln

ÜBERTRAGEN      Laden                 Dateiname  Nur Lesen
                Speichern            Dateiname  geschützt
                Bildschirmlöschen
                Dateilöschen          Dateiname
                Optionen              Format  Laufwerk
                Umbenennen            Dateiname
                Import/Export

VERÄNDERN                             Formel eingeben:

WERT                                  :

XTERN           Kopie                 von Tabelle:  Bereichsname:  nach:
                                      Verbindung:JaNein

ZUSÄTZE                               SofortRechnen:JaNein  Warnton aus:JaNein
                                      Iteration:JaNein  Endekriterium in:
                                      Text-/Wert-Modus  Merke
```

2.2.2 Befehlsstruktur von Multiplan 4.0

```
Befehl:         Unterbefehl:         Befehlswort (Befehlsfeld, Option):

TEXT                                  :

AUSSCHNITT      Teilen                Waagerecht  Senkrecht  Bezeichnung
                Umrahmen              ändern in Ausschnitt Nummer:
                                      Dateinamen anzeigen:(Ja)Nein
                                      Seitenwechsel anzeigen:(Ja)Nein
                Löschen               Ausschnitt Nummer:
                Verbinden             Ausschnitt Nummer:  mit Ausschnitt Nummer:
                                      verbunden:Ja(Nein)
                Farbe                 Text:  Hintergrund:  Ausschnittrahmen:  Menü:
```

BEWEGEN	Zeilen	von Zeile: bis vor Zeile: Zeilenanzahl:
	Spalten	von Spalte: bis vor Spalte: Spaltenanzahl:
DRUCK	Drucker	
	Platte/Diskette	auf Platte/Diskette:
	Randbegrenzung	oben: unten: links: rechts: Einrücken: Seitenlänge: Seitenbreite: Maßeinheit:
	Optionen	Bereich: Drucker: Modell: Anschluß: Entwurf:Ja(Nein) Formeln:Ja(Nein) Z/S-Nummern:Ja(Nein)
	Kopf-/Fußzeile	Kopfzeile: Fußzeile: Start Numerierung bei: Numerierungsformat: (1) I i A a
EINFÜGEN	Zeile	Zeilenanzahl: vor Zeile: von Spalte: bis:
	Spalte	Spaltenanzahl: vor Spalte: von Zeile: bis:
FORMAT	Felder	ZS Ausrichtung:(Stnd)Mitte Norm Links Rechts - Formatcode: Standard
	Standard	Felder Breite_der_Spalten Höhe
	Optionen	Fehlermeldungen:Ja(Nein) Formeln:Ja(Nein) Dezimalzeichen: .(,)
	Breite_der_Spalten	in Zeichen oder S(tandard): Spalte: bis:
	Ersetzen	Standard durch:
	Zeichenformat	Felder: ZS Fett: Ja Nein(-)
	Druckerschriftarten	Schriftart: Schriftgröße:
GEHEZU	Makro	
	Name	
	Zeile_Spalte	Zeile: Spalte:
	Ausschnitt	Ausschnitt Nummerr: Zeile: Spalte:
HILFE	Wiederaufnahme	
	Erklärung ...	
KOPIE	Rechts	Anzahl Kopien: Beginn bei: ZS
	Nach_Unten	Anzahl Kopien: Beginn bei: ZS
	Von	Feld: ZS in Feld: ZS
LÖSCHEN	Zeile	Zeilenanzahl: Beginn bei: von Spalte: bis:
	Spalte	Spaltenanzahl: Beginn bei: von Zeile: bis:
NAME		Name eingeben: Bereich: Makro:Ja(Nein) Tastenschlüssel:

ORDNEN   Zeilen   nach Spalten: von Zeile: bis:
                                    Sortierfolge:(>)<

                Spalten   nach Zeilen: von Spalte: bis:
                                    Sortierfolge:(>)<

PFAD   Betriebssystem
                Kontrolle   Formeln Bezüge
                Ausgabe   Drucker Platte/Diskette
                                    Namen Querverweis Überblick
                Datenbank   Vorwärts_Suchen Rückwärts_Suchen
                                    Kopieren_Daten Löschen_Daten

QUITT

RADIEREN   Felder

SCHUTZ   Felder   ZS Status: Geschützt(Ungeschützt)
                Rechenformeln

ÜBERTRAGEN   Laden   Dateiname: Nur Lesen:Ja(Nein)
                Speichern   Dateiname: geschützt:Ja(Nein)
                Bildschirmlöschen   Gesamt Ausschnitt
                Dateilöschen   Dateiname:
                Optionen   Format: Normal Symbolisch Fremd ASCII
                                    Laufwerk/Inhaltsverzeichnis: Bereich:

                Umbenennen   Dateiname:

VERÄNDERN   :

WERT   :

XTERN   Kopie   von Tabelle: Bereichsname: nach: ZS
                                    verbunden:(Ja)Nein

                Liste
                Gesamt   von Tabelle: Bereichsname: Beginn bei:
                                    Operation:(+)- * /
                Umbenennen   Dateiname: statt:
                Aktualisieren   verbundene Tabellen:
ZUSÄTZE   sofort rechnen:Ja Nein Warnton aus:Ja(Nein)
                                    Iteration:Ja(Nein) Endekriterium in:
                                    T/W-Modus:Ja(Nein) Merke:Ja(Nein)
                                    Menü_3.0:Ja(Nein)

2.3 Befehle von Multiplan

Die Befehle werden in alphabetischer Reihenfolge genannt. Zu jedem Befehl werden das Hauptmenü, eine Erklärung sowie Beispiel(e) angegeben. Die Angabe der Unterbefehle bezieht sich auf Multiplan 4.0.

Ausschnitt

AUSSCHNITT: Teilen Umrahmen Löschen Verbinden Farbe
Ausschnittoperationen durchführen. Farben: 0=schwarz, 1=blau, 2=grün, 3=zyanblau, 4=rot, 5=magentarot, 6=gelb, 7=hellgrau, 8=dunkelgrau, 9=hellgrau, 10=hellgrün, 11=zyanblau hell, 12=hellrot, 13=magentarot hell, 14=hellgelb, 15=weiß.
- Den aktiven Ausschnitt bei Spalte 3 teilen und Ausschnitte verbinden:
```
AUSSCHNITT TEILEN SENKRECHT bei Spalte: 3     verbunden: ja
```

Bewegen

BEWEGEN: Zeilen Spalten
Zeilen oder Spalten unter Anpassung relativer Adreßangaben innerhalb der Tabelle bewegen.
- Die aktive Spalte 7 zum linken Rand der Tabelle bewegen:
```
BEWEGEN SPALTEN von Spalte: 7 bis vor Spalte: 1     Spaltenanzahl: 1
```


Druck

DRUCK: Drucker Platte/Disk. Randbegrenzung Optionen Kopf-/Fußzeile
Die aktive Tabelle ausdrucken.
- Die aktive Tabelle komplett ausdrucken:
```
DRUCK: Drucker
```
- Tabelle z.B. zur späteren Übernahme in einen Text speichern:
```
DRUCK auf Platte/Diskette: b:kfzmiet3.tab
```
- Eine exakt begrenzte Teiltabelle ausdrucken:
```
DRUCK RANDBEGRENZUNG: oben: 1In     unten: 1In     links: 0,5In   rechts: 0,5In
Einrücken: 0,4In Seitenlänge: 11In Seitenbreite: 8,5In  Maßeinheit: Ze(In)C
```


Einfügen

EINFÜGEN: Zeile Spalte
Zeile(n) oder Spalte(n) einfügen. Durch das Einfügen bedingte Adreßänderungen werden automatisch durchgeführt.

- Zwei Zeilen mit Leerfeldern vor Zeile 7 einfügen:
```
EINFÜGEN ZEILE Zeilenanzahl: 2          vor Zeile: 7
               von Spalte: 1                  bis: 255
```

Format

FORMAT: Felder Standard Optionen Breite_der_Spalten Ersetzen
         Zeichenformat Druckerschriftarten
Form der Tabellendarstellung auf dem Bildschirm einstellen. FORMAT
ZEIT_Datum von Multiplan 3.0 ist ab Multiplan 4.0 in FORMAT FEL-
DER und FORMAT ERSETZEN enthalten.
- Die Breite der 3. Spalte von s=10 auf 15 vergrößern:
```
FORMAT BREITE_DER_SPALTEN in Zeichen oder S(tandard): 15
                     Spalte: 3                  bis: 3
```
- Tabelle in Formeldarstellung anzeigen:
```
FORMAT OPTIONEN Fehlermeldungen: Ja Nein      Formeln: Ja(Nein)
               Dezimalzeichen: .(,)
```
- Inhalt der 10 oberen Zeilen von Spalte 3 mit zwei Dezimalstellen:
```
FORMAT FELDER: Z1:10S3          Ausrichtung:(Stnd)Mitte Norm Links Rechts -
       Formatcode: 0,00
```
Vordefinierte Formate des Befehlsfeldes "Formatcode" (bei Drücken der
Richtungstaste im Befehlsfeld "Formatcode" angezeigt):

Formatcode:	Ergebnis:
Stnd	Anzeigen im Standardformat.
0E+00	Exponentialschreibweise; 3E+06 für 3000000.
0,00	Festkommadarstellung; Anzahl der Nullen rechts vom Komma legt die Anzahl der Dezimalstellen fest (hier 2).
Norm	Zahl so genau wie möglich in der verfügbaren Spaltenbreite angeben.
0	Ausgabe ganzzahlig (Dezimalzahlen ganzzahlig gerundet).
#.##0 DM; (#.##0 DM)	Formatierter Währungsbetrag; vierstellige Beträge mit einem Punkt angezeigt; negative Zahlen eingeklammert; leeres Feld als 0 DM.
#.##0,00 DM; (+.++0,00 DM)	Formatierter Währungsbetrag wie oben, aber mit zwei Nachkommastellen; leeres feld wird als 0,00 DM angezeigt.
Balken; (Balken)	Zahlen als entsprechende Anzahl von Sternchen anzeigen; negative Zahlen als eingeklammerte Sternchen.

0%	Zahlen als Prozentsatz ohne Nachkommastellen anzeigen (0,2 als 20%).
Unverändert	Ausgabeformat bleibt unverändert.
#.##0	Formatierter numerischer Wert; vierstellige Zahlen werden mit einem Punkt gezeigt; ein leeres Feld wird als 0 angezeigt.
#.##0,00	Formatierter numerischer Wert mit zwei Nachkommastellen; ein leeres Feld wird als 0,00 angezeigt.
0,00%	Zahl als Prozentsatz mit zwei Nachkommastellen (0,2 als 20,00%).
0,00E+00	Zahl als Wert mit zwei Nachkommastellen, E und einem Exponenten von 10 anzeigen (Exponentialdarstellung); 3,15E+06 für 3150000.

Schnellformatierung durch Drücken der folgenden Tasten im "Formatco-
de"-Feld:
Z = Zusammen, S = Standard, E = 0E+00, F = 0,00, N = Norm, G = 0, W
= DM-Währung, * = Balken;(Balken), % = 0% und - = Unverändert.

Gehezu

GEHEZU: Makro Name Zeile_Spalte Ausschnitt
Einen bestimmten Bereich der Tabelle aktivieren.
- Zu dem mit Endbetrag benannten Feld gehen (bei Eingabe einer Pfeil-
taste werden die Variablennamen zur Auswahl aufgelistet).
```
      GEHEZU Name: Endbetrag
```


Hilfe

**HILFE: Wiederaufnahme Erklärung_Hilfe Nächste_Seite Vorhergehen-
de_Seite Lösungen Befehle Ändern_Vorschläge Formeln Tastatur Makros**
Hifestellungen geben (mit W zur Tabelle, Esc zum Hauptmenü zurück).

Kopie

KOPIE: Rechts Nach_Unten Von
Inhalt und Format von Feldern kopieren (Originalfelder bleiben erhalten).
- Die sechs ersten Felder von Zeile 2 3 mal nach unten kopieren:
```
      KOPIE NACH_UNTEN Anzahl Kopien: 3      Beginn bei: Z2S1:6
```
- Feldquadrat links oben auf ein in Z7S1 beginnendes Quadrat kopieren:
```
      KOPIE VON Feld: Z1:3S1:3      in Feld: Z7S1
```

- Von Ausschnitt 1 die ersten 5 Felder in Spalte 2 nach Ausschnitt 2:
        KOPIE VON Feld: 1:Z1:5S2   in Feld: 2:S3S3

Löschen

LÖSCHEN: Zeile Spalte
Zeile(n) oder Spalte(n) mit Anpassung von Adreßangaben entfernen.
- Die derzeit aktive Zeile 7 komplett löschen:
        LÖSCHEN ZEILE Zeilenanzahl: 7   Beginn bei: 1
                     von Spalte: 1   bis: 255

Name

NAME: Namen eingeben: Bereich: Makro:Ja(Nein) Tastenschlüssel
Ein Feld oder einen Bereich benennen bzw. die Benennung entfernen.
Namen sind maximal 31 Zeichen lang. Bei Eingabe einer Richtungstaste
werden die vergebenen Namen angezeigt.
- Die ersten vier Felder von Zeile 7 erhalten den Bereichsnamen Summe1:
        NAME Namen eingeben: Summe1   Bereich: Z7S1:4
                  Makro: Ja(Nein)   Tastenschlüssel:
- Variable Betrag4 löschen durch Entfernen der Adreßangabe in Bereich:
        NAME Namen eingeben: Betrag4   Bereich: Del-Taste drücken
                  Makro: Ja(Nein)   Tastenschlüssel:

Ordnen

ORDNEN Zeilen Spalten
Tabelle gemäß der Sortierfolge der genannten Spalte ordnen. Adreßangaben werden angepaßt. Beim Ordnen werden Zahlen, Text, Logische Wer-
te/Fehlerwerte und leere Felder unterschieden. Sortierfolge von Text:
    ! " # $ % & ' ( ) * + , - . / 0-9 : ; > = < ? @ A-Z [\ ] ^ _ ` a-z { } ~
- Die Tabelle nach dem Sortierschlüssel in Spalte 2 aufsteigend sortieren:
        ORDNEN ZEILEN nach Spalten: 2   von Zeile: 1   bis: 4095
                  Sortierfolge: (>)<

Pfad

PFAD: Betriebssystem Kontrolle Ausgabe Datenbank
Vier Befehlsoptionen bereitstellen.
- Zur Betriebssystemebene wechseln, um einen DOS-Befehl aufzurufen:
  (mittels COMMAND mehrere DOS-Befehle aufrufen, zurück mit EXIT):

        PFAD BETRIEBSSYSTEM
- Einen Bericht über Namen von Feldern und Makros drucken:
        PFAD AUSGABE DRUCKER: Querverweis Namen Überblick
- Die Formel in Feld Z7S2 über zwei Fenster kontrollieren:
        PFAD KONTROLLE FORMELN Feld: Z7S2
- Information in der Datenbank suchen und in den Zielbereich kopieren:
        PFAD DATENBANK KOPIEREN_DATEN

Quitt

QUITT:
Aktive Datei sichern (falls J eingegeben), Datei namens MP.INI speichern
und Multiplan verlassen. In MP.INI werden die über folgende Befehle
vorgenommenen Einstellungen gespeichert: AUSSCHNITT FARBE/UM-
RAHMEN, DRUCK OPTIONEN/RANDBEGRENZUNG, FORMAT
FELDER/STANDARD HÖHE, ÜBERTRAGEN OPTIONEN Laufwerk
und ZUSÄTZE. MP.INI wird beim nächsten Starten geladen.

Radieren

RADIEREN: Felder
Nur den Inhalt eines Feldes bzw. Bereichs löschen, nicht aber Format,
Name bzw. das Feld selbst (siehe LÖSCHEN-Befehl).
- Den Inhalt von fünf Feldern in Spalte 7 ausradieren.
        RADIEREN Felder: Z2:6S7
- Alle im Bereich mit dem Namen Skonto liegenden Felder ausradieren:
        RADIEREN Felder: Skonto

Schutz

SCHUTZ: Felder Rechenformeln
Felder bzw. alle Rechenformeln vor unbeabsichtigter Änderung schützen
(eine Änderung mit den Befehlen Kopie, Radieren, Text, Verändern,
Wert bzw. Xtern ist nicht mehr möglich).
- Den Schutzstatus des Feldes Z7S2 anzeigen bzw. ändern:
        SCHUTZ Felder: Z7S2   Status: Geschützt(Ungeschützt)

Text

TEXT: bzw. TEXT/WERT:

Text in das aktive Feld eingeben. Zur Texteingabe aufeinanderfolgender Felder den TEXT-Befehl mit einer Pfeiltaste anstelle der Ret-Taste beenden (das System meldet sich dann mit TEXT/WERT:).

Übertragen

ÜBERTRAGEN: Laden Speichern Bildschirmlöschen Dateilöschen
         Optionen Umbenennen

Die gesamte Tabelle zwischen dem RAM und einem Externspeicher übertragen. Durch Drücken einer Pfeiltaste (anstelle des Dateinamens) werden die Dateinamen angezeigt.

- Tabelle TEST1.TAB von Diskette B: in den RAM kopieren und zeigen:

        ÜBERTRAGEN LADEN Dateiname: b:test1.tab   Nur Lesen:Ja(Nein)

- Systemmeldung, wenn die Tabelle im RAM noch nicht gesichert wurde:

        Geben Sie J ein wenn Sie speichern möchten N wenn nicht oder unterbrechen!

- Tabelle im RAM unter dem Namen STATIS7 auf Diskette A: speichern:

        ÜBERTRAGEN SPEICHERN Dateiname: a:statis7   geschützt:Ja(Nein)

- Vor dem Speichern das SYLK-Format (Symbolisch) einstellen:

        ÜBERTRAGEN OPTIONEN Format: Normal Symbolisch Fremd

                Laufwerk/Inhaltsverzeichnis:

- Aktive Tabelle mit Aktualisierung verbundener Tabellen umbenennen:

        ÜBERTRAGEN UMBENENNEN Dateiname: b:test7.tab

Aufwärtskompatibilität von Multiplan:

- Tabellen von Multiplan 2.0 oder Multiplan 3.0 können unter Multiplan 4.0 verarbeitet werden: Multiplan 4.0 starten, ÜBERTRAGEN LADEN und dann ÜBERTRAGEN SPEICHERN, um die Tabelle automatisch in das Multiplan 4.0-Format umzuwandeln.
- Eine im Multiplan 4.0-Format gespeicherte Datei kann nicht in früheren Multiplan-Versionen geladen werden.

Vier Dateiformate:

- *Normal*: Binäres Multiplan-Format (BIFF-Format für binary interchange file format), schnell und kompakt.
- *Symbolisch*: SYLK-Dateiformat für Datenaustausch mit anderen Programmen.
- *Fremd*: zum Laden anderer Tabellenformate von Lotus 1-2-3 und Symphony.
- *ASCII*: ASCII-Format; Laden und Speichern von formatierten ASCII-Textdateien.

Wert

WERT:

Eine Zahl oder Formel in das aktive Feld eintragen. Der WERT-Befehl kann auch durch eine Ziffer 0-9 (Zahlen als Standardfutter von Multiplan) oder ein Zeichen +-,= aktiviert werden.

Xtern

XTERN: Kopie Liste Gesamt Umbenennen Aktualisieren
Auf Daten von nicht aktiven bzw. externen Tabellen zugreifen.
- Aus Tabelle B:T8.TAB die Felder BET1 kopieren und ab Z7S2 ablegen:
```
XTERN KOPIE von Tabelle: b:t8.tab          Bereichsname: bet1
               nach: Z7S2                   verbunden:(Ja)Nein
```

Zusätze

ZUSÄTZE sofort rechnen:Ja Nein Warnton aus:Ja(Nein)
Iteration:Ja(Nein) Endekriterium in: T/W-Modus:Ja(Nein)
Merke:Ja(Nein) Menü_3.0:Ja(Nein)
Befehlszusätze in Form von Schaltern dauerhaft einstellen. SOFORT
RECHNEN=Nein ermöglicht eine rasche Eingabe großer Datenmengen.
WARNTON=AUS schont die Nerven.
- Iteration durchführen mit Bedingung für Schleifenende in Z7S2:
```
ZUSÄTZE sofort rechnen: Ja Nein  Warnton aus:Ja(Nein)  Iteration:Ja(Nein)
Endekriterium in:Z7S2 T/W-Modus:Ja(Nein)  Merke:Ja(Nein)  Menü_3.0:Ja(Nein)
```

2.4 Funktionen von Multiplan

Zu jeder Funktion werden das allgemeine Format, die Bedeutung sowie
Beispiel(e) angegeben. Abkürzungen der Funktionsargumente:
- *N* für einen numerischen Wert oder eine Formel.
- *String* für eine Zeichenkette oder eine Formel, die einen String
  liefert.
- *Logisch* für einen logischen Wert (sonst: Fehlerwert WERT!).
- *Liste* für Einträge, die durch ";" aufgelistet sind.
- *Bereich* für eine Adresse (Einzelfeld, Feldbereich bzw. Name).

ABS(N)
Absolutwert von Zahl. ABS(-77.12) ergibt 77.12.

ANFANG(String)
Das 1. Zeichen in einen Großbuchstaben umwandeln.
- Ausgabe von "Kai":
```
ANFANG("kai")
```

ANZAHL(Liste)
Anzahl der angegebenen Zahlenwerte. Siehe MITTELW, SUMME.
- Die Anzahl der Felder namens Betrag, die einen Wert beinhalten:
```
ANZAHL(Betrag)
```

ANZAHL2(Liste)
Anzahl der nicht-leeren Felder in der Liste. *Ab 4.0.*
- Zum Beispiel den Wert 3 angeben:
```
ANZAHL2(Z1S4:Z1S7)
```

ARCCOS(N)
Arcuskosinus von N im Bogenmaß berechnen; Ergebnis 0 - Pi. *Ab 4.0.*

ARCSIN(N)
Arcussinus von N im Bogenmaß angeben; Ergebnis -Pi/2 - Pi/2. *Ab 4.0.*

ARCTAN(N)
Arcustangens des Winkels N im Bogenmaß zwischen -Pi/2 und +Pi/2.

ARCTAN2(x;y)
Arcustangens aus den x- und y-Koordinaten berechnen. ARCTAN2(a;b)
entspricht ARCTAN(b/a), wobei in ARCTAN a=0 erlaubt ist. *Ab 4.0.*

BARWERT(Zinssatz;Liste)
Barwert für einen Zinssatz (als Dezimalzahl; 0,9 für 9%) berechnen.
- In Liste stehen der Ertrag am Ende der 1. Periode (1. Wert), am Ende
  der 2. Periode (2. Wert) usw. Einnahme als Bereich benannt:
```
BARWERT(0,9;Einnahm)
```

BUCHSTABE(Bereich)
Textinhalt des linken oberen Feldes des genannten Bereichs liefern.

CODE(String)
Codezahl der ersten Zeichens. CODE("Klaus") ergibt 75 als ASCII-Zahl.

COS(N)
Cosinus von N als Winkel im Bogenmaß liefern.

DATUM(Jahr;Monat;Tag)
Die dem Datum zugehörige Datumszahl nennen (Datumszahl 0 für den 1.
1.1900).

- Die Datumszahl 7 ausgeben:
```
DATUM(1988;4;22)-DATUM(1988;4;15)
```

DATWERT(Datumstring)
In die Datumszahl umwandeln. DATWERT("8.7.86") ergibt 31615.

DBANZAHL(Datenbank;Feld;Suchkriterien)
Anzahl der Zahlen im genannten Feld der Datensätze angeben, für die die
Suchkriterien erfüllt sind. *Ab 4.0.*

DBANZAHL2(Datenbank;Feld;Suchkriterien)
Anzahl der nicht-leeren Felder im genannten Feld der Datensätze ange-
ben, für die die Suchkriterien erfüllt sind. *Ab 4.0.*
- Die nicht-leeren Felder in "Rechnung" zählen:
        `DBANZAHL2(Datenbank;"Rechnung";Suchkriterien)`

DBMAX(Datenbank;Feld;Suchkriterien)
Die größte Zahl im genannten Feld der Datensätze angeben, für die die
Suchkriterien erfüllt sind. *Ab 4.0.*

DBMIN(Datenbank;Feld;Suchkriterien)
Die kleinste Zahl im genannten Feld der Datensätze angeben, für die die
Suchkriterien erfüllt sind. Siehe MIN. *Ab 4.0.*

DBMITTELWERT(Datenbank;Feld;Suchkriterien)
Den Mittelwert der Zahlen im genannten Feld der Datensätze angeben,
für die die Suchkriterien erfüllt sind. Siehe MITTELW. *Ab 4.0.*

DBPRODUKT(Datenbank;Feld;Suchkriterien)
Das Produkt der Zahlen im genannten Feld der Datensätze angeben, für
die die Suchkriterien erfüllt sind. Siehe PRODUKT. *Ab 4.0.*

DBSTDABW(Datenbank;Feld;Suchkriterien)
Durch Schätzen die Standardabweichung der Zahlen im genannten Feld
der Datensätze angeben, für die die Suchkriterien erfüllt sind (Grundgesamtheit anhand Sichprobe). Siehe STABW. *Ab 4.0.*

DBSTDABWN(Datenbank;Feld;Suchkriterien)
Die Standardabweichung der Zahlen im genannten Feld der Datensätze
berechnen, für die die Suchkriterien erfüllt sind (vollständige Grundgesamtheit). Siehe STABWN. *Ab 4.0.*

DBSUMME(Datenbank;Feld;Suchkriterien)
Die Summe der Zahlen im genannten Feld der Datensätze angeben, für
die die Suchkriterien erfüllt sind. Siehe SUMME. *Ab 4.0.*

DBVARIANZ(Datenbank;Feld;Suchkriterien)
Die Varianz einer Grundgesamtheit anhand einer Stichprobe unter Verwendung der Zahlen im genannten Feld der Datensätze angeben, für die die Suchkriterien erfüllt sind. Siehe VARIANZ. *Ab 4.0.*

DBVARIANZEN(Datenbank;Feld;Suchkriterien)
Die Varianz einer Grundgesamtheit unter Verwendung der Zahlen im genannten Feld der Datensätze angeben, für die die Suchkriterien erfüllt sind. Siehe VARIANZEN. *Ab 4.0.*

DELTA()
Größte während eines Iterationsdurchlaufes erfolgte Wertänderng nennen.

DIA(Kosten;Rest;Dauer;Zr)
Wert der digitalen Abschreibung ermitteln. Argumente: *Kosten* (Anschaffungspreis), *Rest* (Restwert am Ende), *Dauer* (Nutzungsdauer in Jahren), *Zr* (Zeitraum; für welches Jahr berechnen?). Siehe GDA, LIA. *Ab 4.0.*
- 20000 DM bis zu 5000 DM über 10 Jahre abschreiben und dabei den
  Abschreibungsbetrag für das 6. Jahr angeben.
```
DIA(20000;5000;10;6)
```

ERSETZEN(TextAlt;Beginn;Anzahl;TextNeu)
Anzahl Zeichen ab der angegebenen *Beginn*-Position in *TextAlt* durch *TextNeu* ersetzen. *Ab 4.0.*
- "Tillmann" angeben:
```
ERSETZEN("Tibkmann";3;2;"ll")
```

EXP(N)
e hoch N als Umkehrfunktion zu LN berechnen (e=2,7182818...).

FAKULTÄT(N)
Die Fakultät von N angeben. *Ab 4.0.*

FALSCH()
Den logischen Wert FALSCH liefern. WENN(6<Z7S2;FALSCH();WAHR()) ergibt den Wert FALSCH, wenn Z7S2 größer als 6 ist.

FEST(N;Nachkommastellen)
N in einen String umwandeln. FEST(721,476;2) ergibt gerundet 721,48.

FINDEN(Suchtext;Text;Beginn)
Im Text nach einem Suchtext ab der Beginn-Position suchen und die Nummer des Zeichens angeben, bei dem Suchtext erstmalig auftritt; sonst den Fehlerwert WERT! ausgeben. Siehe LÄNGE, SUCHEN. *Ab 4.0.*

- Zahl 5 angeben:
```
FINDEN("e";"Das eigene Heim")
```

GANZZAHL(N)
Die größte ganze Zahl, die kleiner oder gleich n ist, liefern.
- Die Zahlen -785 bzw. 7 ausgeben:
```
GANZZAHL(-784,777)    bzw.   GANZZAHL(7,8)
```

GDA(Kosten;Rest;Dauer;Zr)
Den Abschreibungswert bei geometrisch degressiver Abschreibung gemäß
"*(Kosten*-Gesamtabschreibung aus vorangehenden Zeiträumen)*2/*Dauer*"
angeben. Siehe DIA, LIA. *Ab 4.0.*

GLÄTTEN(String)
Leerstellen entfernen. GLÄTTEN(" Klau s ") ergibt "Klaus".

GROSS(String)
In Großbuchstaben umwandeln. GROSS("Klaus") ergibt "KLAUS".

GW(zins;zzr;rmz;zw;f)
Cash-flow-Rechnung bei regelmäßigen Zahlungen mit numerischen Argumenten Gegenwartswert (*gw*), Zinssatz (zins), Zahl der Zeiträume (*zzr*), regelmäßige Zahlungen (*rmz*), zukünftiger Wert (*zw*) und Fälligkeit (*f=0* Zahlungen am Ende und *f=1* Zahlungen am Anfang fällig). Voreinstellung der Argumente ist Null. Siehe Funktionen ZW, ZZR, RMZ und ZINS.
- 12000 Kredit zum Jahreszinssatz von 9% ergibt eine Monatsbelastung von 548,22 DM, wenn der Kredit in 2 Jahren zurückbezahlt wird:
```
RMZ(0,0075;24;-12000;0;0) ergibt 548,22 DM
```

IKV(Liste,Schätzwert)
Internen Kapital-Verzinsungssatz einer Liste von Cash-Flows ermitteln (Schätzwert=0 voreingestellt).

INDEX(Bereich;Lage)
Wert eines Feldes durch Angabe seiner Lage im Bereich liefern.
- Den Wert des 4. Feldes in Zeile 7 angeben:
```
INDEX(Z7;4)
```
- Den Inhalt des Feldes von Zeile 7 und Spalte 2 im Bereich Gebühren:
```
INDEX(Gebühren;7;2)
```

ISTFEHL(Wert)
Den logischen Wert WAHR liefern, wenn *Wert* einen der Fehlerwerte NV!, WERT!, POS!, DIV/0!, NUM!, NAME!, NULL! hat. Sonst FALSCH.
- Wenn Feld Z7S2 z.B. den Wert DIV/0! hat, wird WAHR geliefert:
```
ISTFEHL(Z7S2)
```

ISTFEHLER(Wert)
WAHR liefern, wenn *Wert* ein Fehlerwert außer NV! ist. *Ab 4.0.*

ISTFOLGE(String)
Für Stringfeld WAHR und für numerisches Feld FALSCH liefern.
- Wenn in Z7S2 ein String gespeichert ist, dann WAHR liefern:
```
ISTFOLGE(Z7S2)  bzw.  ISTFOLGE("Klaus")
```

ISTLEER(Feld oder Bereich)
Logischen Wert WAHR liefern, wenn das Feld nicht leer ist.
- FALSCH liefern, wenn in der 7. Zeile etwas gespeichert ist:
```
ISTLEER(Z7S1:200)
```

ISTLOG(Wert)
Logischen Wert WAHR liefern, wenn *Wert* ein logischer Wert ist. *Ab 4.0.*

ISTNV(Wert)
Logischen Wert WAHR liefern, wenn der Fehlerwert NV! vorliegt.

ISTPOS(Wert)
Logischen Wert WAHR liefern, wenn Wert eine (Bezugs-)Formel ist.
- Im ersten Fall WAHR bzw. im zweiten Fall FALSCH liefern:
```
ISTPOS(Z7S2)   bzw.   ISTPOS(Z7S2+Z8S3)
```

ISTZAHL(N)
Logischen Wert WAHR liefern, wenn das Argument numerisch ist.

JAHR(N)
Angegebene Zahl in eine Jahreszahl 1900-2078 umwandeln. Siehe TAG.

JETZT()
Bei jeder Neuberechnung für das aktuelle Datum und die aktuelle Zeit
die laufende Zahl liefern.

KAPZ(zins;Zr;zzr;gw;zw;f)
Kapitalzahlung über einen gegebenen Zeitraum für eine Investition auf
Basis von regelmäßigen Zahlungen bei festem Zinssatz angeben. *Ab 4.0.*
- -75,62 als Kapitalzahlung für den 1. Monat eines 24-Monate-Darlehens
  über DM 2000.- bei einem Zinssatz von 10% angeben (zw=0 und f=0):
```
KAPZ(0,11/12;1;24;2000;0;0)
```

KLEIN(String)
String in Kleinbuchstaben umwandeln. Siehe GROSS, ANFANG.

KÜRZEN(N)
Den ganzzahligen Teil von N liefern. Siehe REST, GANZZAHL. *Ab 4.0.*

LIA(Kosten;Rest,Dauer)
Den Wert der linearen Abschreibung angeben. Siehe DIA, GDA. *Ab 4.0.*

LÄNGE(String)
Länge eines Strings (zwischen " " oder als Adresse) liefern.

LINKS(String,n)
Den linken Teilstring angeben (siehe RECHTS, TEIL).
- Den String "Till" als Ergebnis liefern:
```
LINKS("Tillmann und Klaus",4)
```

LN(N)
Den natürlichen Logarithmus des Arguments liefern. Siehe EXP, LOG10.

LOG(N;Basis)
Den Logarithmus von N zur *Basis* angeben. *Ab 4.0.*

LOG10(N)
Den Logarithmus von N zur Basis 10 angeben. Siehe ABS, LN.

MAX(Liste)
Den größten Wert oder 0 (falls keine Zahlenwerte gefunden) liefern.
- Den Wert 77 angeben (siehe MIN):
```
MAX(76;22;-23;75;77;1;2)
```

MIN(Liste)
Den kleinsten von zwei oder mehr Werten liefern. Siehe MAX.

MINUTE(N)
N in Minutenangabe zwischen 0 und 59 umwandeln. Siehe STUNDE.

MITTELW(Liste)
Den Mittelwert liefern. Identisch mit SUMME(Liste)/ANZAHL(LISTE).
- 2 als Mittelwert angeben:
```
MITTELW(3,5;0,5;2)
```

MONAT(N)
N in Monatsangabe zwischen 0 und 12 umwandeln. Siehe STUNDE.

NAME()
Den Namen der Tabelle liefern, unter dem sie gespeichert ist.
- Zum Beispiel A:TEST1.TAB angeben (zur Kommentierung verwenden):

```
NAME()
```

NICHT(Logisch)
Den entgegengesetzten logischen Wert liefern (FALSCH ergibt WAHR).
- WAHR bzw. FALSCH liefern:
```
NICHT(7+7=8)   bzw.   NICHT(7+7=14)
```

NV()
Den Fehlerwert NV! (nicht verfügbar) liefern. Siehe ISTNV.

ODER(Liste)
Logischen Wert WAHR liefern, wenn mindest ein Listenwert WAHR ist.

PI()
Den Näherungswert 3,1415926535898 für Pi liefern.

PRODUKT(Liste)
Das Produkt der Liste von Zahlen angeben. Sie Summe. *Ab 4.0.*
- Wert 24 angeben (Annahme: in Z3S7:Z3S9 sind 2,3,4 gespeichert):
```
PRODUKT(4;2;3)    bzw.    PRODUKT(Z3S7:Z3S9)
```

QIKV(Liste;Investitionssatz;Reinvestitionssatz)
Den qualifizierten internen Kapitalverzinsungssatz einer Liste von Cash-
Flows bei vorgegebenem Verzinsungssatz der Investitionen (Investitions-
satz) und der Reinvestitionen (Reinvestitionssatz) liefern.
- Cash-Flows 5000, 1000, 1500, 2000, 3000, 25000 und 5000 in Zeile 1
  ergeben bei 12% (Ausgaben) und 17% (Einnahmen) ergibt 15,19%
```
QIKV(Z1S1:Z1S7;0,12;0,17)
```

RECHTS(String,n)
n rechtsstehende Zeichen aus String entnehmen. Siehe LINKS, TEIL.
- Die Jahresangabe "1988" entnehmen:
```
RECHTS("31.08.1988",4
```

REST(N;M)
Den Rest der Division N/M liefern. Für M=0 wird DIV/0! angegeben.

RMZ(zins;zzr;gw;zw;f)
Regelmäßige Zahlung bei Cash-flow-Rechnung. Siehe GW.

RUNDEN(N;S)
Eine Zahl auf S Stellen runden (S=0 ganzzahlig, S<0 rundet innerhalb des
ganzzahligen Anteils). Siehe GANZZAHL, FEST.
- Die Zahlen 7,64 bzw. 70 liefern:
```
RUNDEN(7,635;2)    bzw.    RUNDEN(71;-1)
```

SEKUNDE(N)
Eine Sekundenzahl zwischen 0 und 59 liefern. Siehe STUNDE.

SIN(N)
Den Sinus von N als Winkel im Bogenmaß liefern. Siehe COS, TAN.

SPALTE()
Die Nummer der Spalte liefern, in der SPALTE() aufgerufen wird.

STABW(Liste)
Die Standardabweichung liefern. STABW(24;84;34) ergibt 32,1455.

STABWN(Liste)
Die Standardabweichung nach dem Verfahren "mit systematischem Fehler"
oder "n" liefern. *Ab 4.0.*

STUNDE(N)
N in eine Stundenzahl zwischen 0 und 23 umwandeln. Die Zeitangabe N
wird als Dezimalzahl zwischen 0 und 1 (ausschließlich) angegeben.
- Die Stunden- Minuten- bzw. Sekundenzahlen 16, 48 bzw. 0 liefern:
```
     STUNDE(0,7) bzw.  MINUTE("4:48:00" bzw.  SEKUNDE(ZEIT(16;48;0))
```

SUCHEN(N;Bereich)
Eine Tabellenzeile bzw. -spalte nach N durchsuchen und den Inhalt des
letzten Feldes ausgeben. Siehe <u>VERWEIS</u>. *Nur bis 3.0.*
- Die zu prüfenden Werte müssen aufsteigend sortiert sein:
```
     98    109   174   222       SUCHEN(109;Z1S1:Z2S4)    ergibt 8
      3     8     1     4        SUCHEN(22;Z1S1;Z2S3)     ergibt NV!
```

SUCHEN(Suchtext;Text;Beginn)
Nach dem Suchtext in einem Text ab einer Beginn-Position suchen und
die Positionsnummer des Zeichens angeben, bei dem der Suchtext zum er-
sten Mal auftritt. Gegensatz zu FINDEN: keine Unterscheidung zwischen
Groß-/Kleinschreibung; Joker ? und * sind erlaubt. *Ab 4.0.*
- Angabe von Position 5:
```
     SUCHEN("e*r";"Heidelberg";1)
```

SUMME(Liste)
Die Summe der Zahlen angeben. Siehe ANZAHL, MITTELW, MAX.
- 200 als Summe bereitstellen:
```
     SUMME(66;100;34;-1;1)
```

TAG(N)

Die laufende Zahl N (zwischen 0 und 65380) in eine Tagesangabe zwischen 1 und 31 umwandeln. Siehe JAHR (Zahl zwischen 1900 und 2078), MONAT (zwischen 1 und 12) bzw. WOCHENTAG (Zwischen 1 und 7).
- Ausgabe der Tagesangabe 15, Monatsangabe 4 bzw. Jahresangabe 1986:

```
TAG(DATUM(1985;4;15))  bzw.  MONAT(DATUM(1985;4;15))  bzw.  JAHR(31654)
```

TAN(N)

Tangens von N als Winkel im Bogenmaß liefern. Siege COS, ARCTAN.

TEIL(String;Beginn;Länge)

Teilstring liefern (für Beginn>Länge oder Länge=0 Leerstring liefern).
- Teilstring "und" angeben:

```
TEIL("Klaus und Tillmann;7;3")
```

UND(Liste)

Logischen Wert WAHR liefern, wenn alle Werte der Liste WAHR sind.
- WAHR liefern (Argumente müssen logische Werte sein, sonst WERT!).

```
UND(9+8=17;6+6=12;0+1=1)
```

VARIANZ(Liste)

Durch Schätzung die Varianz einer Grundgesamtheit anhand der Stichprobe ermitteln, die mit der Liste angegeben ist. *Ab 4.0.*

VARIANZEN(LISTE)

Die Varianz einer Grundgesamtheit ermitteln, wenn mit der Liste sämtliche Daten angegeben sind. *Ab 4.0.*

VERSION()

Die Multiplan-Versionsnummer angeben. *Ab 4.0.*

VERWEIS(N;Bereich)

Entspricht der Funktion SUCHEN unter Multiplan 3.0. *Ab 4.0.*

VORZEICHEN(N)

Vorzeichen von N als Zahl (1 für positiv, 0 für Null, -1für negativ).

WÄHRUNG(N;Nachkommastellen)

Zahlenwert N in einen Text im Währungsformat (entsprechend Befehl FORMAT WÄHRUNG) umwandeln (Nachkommastellen=2 voreingestellt).
- Bei FORMAT WÄHRUNG "DM" "7,26 DM" bzw. "1.000 DM" zeigen:

```
WÄHRUNG(7,255;2)  bzw.  WÄHRUNG(1;4)
```

WAHL(Index;Liste)
Unter Verwendung eines *Index* aus einer *Liste* von Werten (Adressen,
Texte oder Zahlen) auswählen. *Ab 4.0.*
- "c)" als Ergebnis für die 3. Stelle angeben:
```
WAHL(3;"a)";"b)";"c)";"nichts")
```

WAHR()
Den logischen Wert WAHR liefern.
- Wenn Z4S9 größer als 999 ist, dann FALSCH, sonst WAHR liefern:
```
WENN(999<Z4S9;FALSCH();WAHR())
```

WECHSELN(Text;TextAlt;TextNeu;Anzahl)
Im *Text* den *TextAlt* durch *TextNeu* in der angegebenen Anzahl von Zei-
chen ersetzen. Bei fehlender Anzahl wird der gesamte TextAlt ersetzt.
Siehe ERSETZEN, GLÄTTEN. *Ab 4.0.*
- "Tillmann" angeben:
```
WECHSELN("Tiaamann";"a";"l")
```

WENN(Logisch;Dann-Wert;Sonst-Wert)
Wenn der logische Wert WAHR ist, wird als Ergebnis der Dann-Wert,
sonst aber der SONST-Wert übernommen. Dann- und Sonst-Wert können
Zahlen-, Text- oder logische Werte sein.
- Nur im Falle Z7S2 kleiner/gleich Z7S3 einen Text anzeigen:
```
WENN(Z7S2>Z7S3;"";"Bedingung nicht erfüllt")
```

WERT(String)
Die in einem String enthaltene Zahl bzw. WERT! als Fehlerwert liefern.
- Die Zahlen 7777 bzw. 20 (Exponentialdarstellung) liefern:
```
WERT("7777DM")   bzw.   WERT("2E1")
```

WIEDERHOLEN(String;Anzahl)
Einen Gesamtstring mit Anzahl Wiederholungen von String liefern.
- Den String "Freiburg Freiburg " anzeigen:
```
WIEDERHOLEN("Freiburg ";2)
```

WOCHENTAG(N)
Laufende Zahl N in Wochentagszahl (1 und 7) umwandeln. Siehe TAG.

WURZEL(N)
Die Quadratwurzel von N liefern.

ZAHL(Bereich)
Inhalt des linken oberen Feldes des numerischen Bereichs liefern.
- Die Zahl 88 liefern, wenn in Z7S2 die 88 steht (sonst jedoch 0):
```
ZAHL(Z7S2)
```

ZÄHLER()
Die Anzahl der Iterationsdurchgänge liefern. Siehe DELTA().

ZEICHEN(N)
Das der ASCII-Codenummer 1 - 255 entsprechende Zeichen liefern.
- Zeichen "K" angeben, da im ASCII "K" die Nummer 75 zugeordnet ist:
    `ZEICHEN(75)`

ZEILE()
Nummer der Zeile, in der die Funktion ZEILE() steht, liefern.

ZEIT(Stunde;Minute;Sekunde)
Die Zeitangabe in eine laufende Zahl zwischen 0 (für 0:00:00 Uhr) und 1
(für 23:59:59 Uhr) umwandeln. Siehe JETZT, DATUM, ZEITWERT.
- Die Zeitzahlen 0,75 bzw. 0,2 liefern:
    `ZEIT(18;0;0)`   bzw.   `ZEIT(16;48;0)-ZEIT(12;0;0)`

ZEITWERT(String)
Den String in die Zeitzahl zwischen 0 und 1 umwandeln.
- Zeitzahlen 0,1 bzw. 0,2 anzeigen:
    `- ZEITWERT("14:24")    bzw.    ZEITWERT("16:48")`

ZINS(zzr;rmz;gw;zw;f;Schätzwert)
Zinssatz liefern bei Cash-flow-Rechnung. Siehe GW.

ZINSZ(zins;Zr;zzr;gw;zw;f)
Die Zinszahlung über einen gegebenen Zeitraum für eine Investition auf
Basis regelmäßiger, konstanter Zahlungen bei festem Zinssatz ermitteln.
Siehe GW, IKV, KAPZ, QIKV, RMZ, ZINS, ZW und ZZR. *Ab 4.0.*

ZUFALLSZAHL()
Eine Zufallszahl zwischen 0 und 0,9999... liefern.

ZW(zins;zzr;rmz;gw;f)
Zukünftigen Wert (ZW) bei Cash-flow-Rechnung ermitteln. Siehe GW.

ZZR(zins;rmz;gw;zw;f)
Die Zahl der Zeiträume bei Cash-flow-Rechnung. Siehe GW.

Sachwortverzeichnis

" " (Schnittmenge) 48
' (in Makro) 14 29 49
, 7
: (Bereich) 48
: (Bereichsadresse) 15
; (Verknüpfung) 48
> (Sortierfolge) 26 57

ABS() 60
Absolute Adresse 17 46
Adressierung 17 20 46
Aktives Feld 4
Alternative 32
ANFANG() 60
ANZAHL() 61
ARCSIN() 61
ARCTAN() 61
ASCCOS() 61
ASCII-Format 59
Ausgabefeld 7
AUSSCHNITT 3 47 49 51 54
Auswahlstruktur 32

BARWERT() 61
BDSUMME() 62
Befehle (Multiplan) 54
Befehlsfolge 5
Befehlsstruktur 3.0 49
Befehlsstruktur 4.0 51
Befehlswort 49
Befehlszeiger 3
Befehlszeile 3
Bereich 14
BEWEGEN 49 52 54
BIFF-Format 59
BREITE_DER_SPALTEN 12
BUCHSTABE() 61

CODE() 61
COS() 61

Datenbank 48

Datenbankfunktion 47
Datentyp 45
DATUM() 61
Datumsfunktion 47
DATWERT() 62
DBANZAHL() 62
DBMAX() 62
DBMIN() 62
DBMITTELWERT() 62
DBPRODUKT() 62
DBSTDABW() 62
DBSTDABWN() 62
DBVARIANZ() 63
DELTA() 38 63
DIA() 63
DIV/0! 48
DRUCK 50 52 54
DRUCK DRUCKER 10 54
DRUCK OPTIONEN 10

EINFÜGEN 37 50 52 54
Eingabefeld 7
Einzelfeld 14
Endekriterium 35
Endlosschleife 34
Ergebnisfeld 7
ERSETZEN() 63
EXIT 58
EXP() 63
Exponent 45

FAKULTÄT() 63
FALSCH() 63
Farbe 54
Fehlerwerte
Feldbereich 14
Feldzeiger 3
Fenster 4
FEST() 63
FINDEN() 63
FORMAT (Rundung) 15 55
FORMAT (Spaltenbreite) 12
FORMAT (Textzeile) 14
FORMAT 50 52 55
FORMAT FELDER 14 15 55

ZUSAMMEN (Zeile) 14
ZUSÄTZE 51 53 60
ZUSÄTZE ITERATION 34
ZW() 71
ZZR() 71
ZzSs 4 18 46

Tabellenverzeichnis